U0592691

油品销售企业
典型案例选编与管理启示

中国石油内蒙古销售公司　编

石油工业出版社

图书在版编目（CIP）数据

油品销售企业典型案例选编与管理启示／中国石油
内蒙古销售公司编 . -- 北京：石油工业出版社，2025.
4. -- ISBN 978-7-5183-7466-3

Ⅰ．D922.675

中国国家版本馆 CIP 数据核字第 2025T99W15 号

出版发行：石油工业出版社
　　　　　（北京安定门外安华里 2 区 1 号楼　100011）
　　　　　网　　址：www.petropub.com
　　　　　电　话：（010）64523582
经　　销：全国新华书店
印　　刷：北京中石油彩色印刷有限责任公司

2025 年 4 月第 1 版　2025 年 4 月第 1 次印刷
710 毫米 ×1000 毫米　开本：1/16　印张：15.25
字数：197 千字

定价：58.00 元
（如出现印装质量问题，我社图书营销中心负责调换）
版权所有，翻印必究

编 委 会

主　　　任：杨 杰　钟 量

副 主 任：邓江红　张俊杰　范亚锋　陶 辉　贾博程

成　　　员：王洪吉　吕绪滨　郑清杰　郑 涛

编 写 组

主　　　编：吕绪滨　郑 涛

副 主 编：赵 娜

编　　　委：刘淇尔　谢 颜　沈小明　朱 虹　杨天媛

　　　　　　毛彦杰　张 微　金秀伟　田 野　付 猛

中国石油内蒙古销售公司自1951年成立以来，锐意进取，风雨兼程，历经数次变革，逐步发展成为治理现代、业务多元、管理规范的销售企业，连续两年保持集团公司A类企业。作为市场化程度较高的成品油销售企业，在长期实践中深刻地认识到，法治是企业持续稳健发展的坚强保障。当前及今后一个时期，宏观环境发生深刻变革，利益关系、法律关系的调整变化成为常态，法律合规风险愈加严峻复杂，深入学习贯彻习近平法治思想，持续深化法治企业、合规企业建设，是应对形势变化、有效防范风险的必然选择，是增强企业核心功能与核心竞争力的必由之路。中国石油内蒙古销售公司（以下简称"内蒙古销售"）高度重视法治建设，把深入开展法治建设作为全面落实中国石油天然气集团有限公司坚持依法合规治企兴企方略的重要内容，深耕体系建设，狠抓机制落实，将法治要求贯穿全局、全过程，为企业高质量发展提供坚强保障。

法律纠纷案件管理作为法治建设的重要内容之一，既是维护企业权益、保障国有资产安全的重要手段，又是堵塞管理漏洞、提升经营管理水平、有效防范风险的有效途径。为进一步实现纠纷案件管理资源共享，内蒙古销售收集整理2020年以来的典型案例，编纂完成《油品销售企业典型案例选编与管理启示》，内容涵盖买卖、借款、租赁、工程建设、侵权、劳动争议、行政诉讼、票据等主要业务领域，每一个案例由"基本案情""案例评析""经验教训"三部分组成，并创新性地增加"律师点评"模块，从更加专业客观的角度，指出当事方在案件应对和经营管理中存在的问题，提出管理提升建议。本书旨在从经营管理得失和案件应对技巧两方面对油品销售企业有所启发，从制度完善、文化培育和风险防控角度提供有益借鉴，为把企业建设成为有价值、有担当、有温度、可持续、受尊重的示范销售企业发挥积极作用。

　　《油品销售企业典型案例选编与管理启示》在编制过程中，得到了中国石油天然气集团有限公司法律企改部和销售公司企管法规处的大力支持，所属企业的法律工作人员也参与了案例编写工作，在此一并表示感谢！

党委书记、执行董事：杨杰

2025年3月

目 录

第一篇　合同纠纷案件

案例一　A公司诉B石油公司"产权分割"纠纷案件·····················3

案例二　A公司诉B石油公司返还原物纠纷案件，B石油公司诉
　　　　A公司、E公司、C、D"租赁"合同纠纷案件······················8

案例三　A加油站诉B石油公司"加油站资产转让"纠纷案件······16

案例四　A石油公司诉B、C公司"赊购油款"纠纷案件············21

案例五　A石油公司诉B公司和C公司"加油站场地租赁"
　　　　纠纷案件····················26

案例六　A石油公司诉B公司"赊购巨额柴油"纠纷案件············32

案例七　A诉B石油公司《加油站资产租赁合同》纠纷案件·········36

案例八　A诉B石油公司、C公司及D、E、F债权人代位权
　　　　纠纷案件····················42

案例九　A公司、B公司分别诉C石油公司买卖合同纠纷案件和
　　　　不当得利纠纷案件····················49

案例十　A石油公司诉B、第三人C《资产转让合同》纠纷案件 … 55

案例十一　A石油公司诉B公司、C退还"土地款"纠纷案件 …… 58

案例十二　A等四人再诉B石油公司加油站租赁合同纠纷案件…… 62

案例十三　A石油公司与B公司"合作建设加油加气站土地补偿"
　　纠纷案件 ……………………………………………………… 67

案例十四　A石油公司与B公司"加油站点转让协议"纠纷案件… 73

案例十五　A、B、C诉D石油公司加油站租赁合同纠纷案件 …… 77

案例十六　A石油公司诉B公司、C债权转让合同纠纷案件 ……… 82

案例十七　A诉B、C石油公司返还原物纠纷案件 ………………… 87

案例十八　A石油公司诉B公司"资产置换"合同纠纷案件……… 91

案例十九　A石油公司诉B公司、C公司债务转移合同及买卖合同
　　纠纷案件 ……………………………………………………… 95

第二篇　劳动争议纠纷案件

案例二十　A石油公司与B"继续履行劳动关系"纠纷案件 ………103

案例二十一　A诉B石油公司"出生日期认定"劳动争议
　　纠纷案件………………………………………………………108

案例二十二　A、B分别诉C石油公司"不定时工作制"
　　纠纷案件………………………………………………………114

案例二十三　A诉B石油公司"退休待遇"争议纠纷案件 ………118

案例二十四　A诉B石油公司"克扣工资"纠纷案件 ……………121

案例二十五　Ａ诉Ｂ石油公司解除劳动关系、拖欠工资及社会

保险争议纠纷案件 ………………………………………126

案例二十六　Ａ诉Ｂ石油公司支付"解除劳动合同赔偿金"

纠纷案件 …………………………………………………130

案例二十七　Ａ、Ｂ诉Ｃ石油公司劳动人事争议案件和Ｃ石油公司诉

Ａ、Ｂ名誉权纠纷案件 …………………………………134

案例二十八　Ａ诉Ｂ石油公司违法解除劳动合同争议纠纷案件……140

案例二十九　Ａ诉Ｂ石油公司因解除劳动合同支付经济补偿金

纠纷案件 …………………………………………………146

案例三十　Ａ诉Ｂ石油公司、Ｃ劳务合同纠纷案件 ………………151

案例三十一　Ａ诉Ｂ石油公司"确认劳动关系"纠纷案件 ………155

案例三十二　Ａ诉Ｂ石油公司、Ｃ石油公司"克扣工资"

劳动争议纠纷案件 ………………………………………159

第三篇　侵权纠纷案件

案例三十三　Ａ等人诉Ｂ石油公司、Ｃ公司触电人身损害责任

纠纷，Ｃ公司诉Ｂ石油公司供用电合同纠纷案件 …………167

案例三十四　Ａ诉Ｂ石油公司加油站机动车交通事故责任

纠纷案件 …………………………………………………173

案例三十五　Ａ公司诉Ｂ石油公司"压覆采矿资源"纠纷

调解案件 …………………………………………………177

案例三十六　Ａ石油公司与Ｂ公司加油站拆迁补偿纠纷

调解案件 ··183

第四篇　行政诉讼纠纷案件

案例三十七　Ａ石油公司诉Ｂ市人力资源和社会保障局工伤

保险资格或者待遇认定纠纷案件 ·······················191

案例三十八　Ａ加油站诉Ｂ商务局、Ｃ石油公司行政许可

纠纷案件 ··197

第五篇　股权管理纠纷案件

案例三十九　Ａ石油公司诉Ｂ、Ｃ公司债务追偿纠纷案件 ············205

案例四十　Ａ诉Ｂ公司、Ｃ公司、Ｄ石油公司"民间借贷"

"清算责任"纠纷案件 ··210

案例四十一　Ａ石油公司诉Ｂ、Ｃ公司股东损害公司债权人

利益责任纠纷案件 ··216

第六篇　票据纠纷案件

案例四十二　Ａ公司诉Ｂ石油公司、Ｃ公司、Ｄ公司、Ｅ公司等

公司票据追索权纠纷案件 ·······································223

案例四十三　Ａ石油公司诉Ｂ公司、Ｃ公司、Ｄ公司、Ｅ公司、

Ｆ公司票据权纠纷案件 ···229

第一篇

合同纠纷案件

案例一

A公司诉B石油公司
"产权分割"纠纷案件

一、基本案情

（一）案件事实经过

2018年，A公司和B石油公司签订了《产权分割协议》，约定将登记在B石油公司名下的7个房屋所有权证的地上建筑及1个房屋所有权证里剔除10个停车位的地下建筑分割转让给A公司，并将上述建筑物的土地使用权一并转让给A公司，但未确定10个停车位的面积和位置，资产总价款为32104000元。双方约定变更资产过程中产生的契税、印花税、"两供"基金、产权登记费及交易过程中产生的费用由A公司承担；B石油公司承担因变更产权产生的销售不动产等税费上限为3095580元，除此以外，B石油公司不再承担本次交易中产生的任何费用；双方还约定了争议解决方式为提交仲裁委员会进行仲裁。

2012年1月至2018年6月30日，A公司已经交纳了部分税款和滞纳金，并向B石油公司开具了部分发票。

2019年，A公司向仲裁委员会提交仲裁，要求B石油公司配合办理产权变更登记；B石油公司提起反仲裁请求，要求A公司负责办理产权变更登记并承担相关税费，以及变更产权之前的房产税和滞纳金。

2023年，B石油公司向仲裁委员会提交申请，要求A公司承担因产权变更产生的营业税、城市维护建设税、土地增值税、印花税、企业所得税及滞纳金和土地使用税等费用。

（二）各方观点

A 公司认为，双方已约定将相关产权变更至 A 公司名下，但是 B 石油公司至今未予变更，B 石油公司要求 A 公司承担变更产权过程中的所有费用不符合法律规定，不动产销售的相关税费承担主体应当是 B 石油公司。A 公司已经按照合同约定交纳了全部税款，其产生的滞纳金与 A 公司无关，而且双方未约定土地使用税等费用由 A 公司承担。

B 石油公司认为，双方还未商定 10 个停车位的具体面积和位置，变更产权 A 公司是主办方，B 石油公司只是协助变更。双方在合同中约定 B 石油公司在本次交易中承担税费等实际费用的上限为 3095580 元，超过部分应由 A 公司承担。

双方的争议焦点为 10 个停车位的具体位置和面积，产权变更手续由谁负责办理，双方约定 A 公司承担相关费用是否符合法律规定，B 石油公司要求 A 公司承担超过 3095580 元的费用是否应予以支持等。

（三）案件审理情况

2019 年，仲裁委员会裁决：A 公司负责办理产权变更手续，B 石油公司协助办理，由 A 公司承担产权变更中所产生的相关税费和约定由 B 石油公司承担的部分不动产销售相关税费以外的所有费用。2023 年，仲裁委员会裁决：驳回 B 石油公司的请求。

二、案例评析

本案的争议焦点为地下建筑物的产权证是否应变更至 A 公司名下，A 公司是否应承担合同约定中的税费等相关费用，案涉建筑物产权变更手续由谁负责办理，B 石油公司要求 A 公司承担超过合同约定金额部分的费用是否应予支持等。

（一）地下建筑物的产权证是否应变更至 A 公司名下

双方是在平等自愿、协商一致的情况下签订的《产权分割协议》，依据《中华人民共和国民法典》第四百六十五条"依法成立的合同,受法律保护。依法成立的合同,仅对当事人具有法律约束力,但是法律另有规定的除外"的规定,该合同是依法成立的合同,A公司和B石油公司应全面履行合同内容。

双方在合同中并未明确约定停车位的具体位置和面积,直到仲裁委员会庭审还未能协商一致,因此不能确定10个停车位的具体位置和面积,也就无法确定B石油公司应转让的地下建筑物的产权面积和具体位置,因此A公司应在双方对停车位协商一致后再要求B石油公司配合办理产权变更手续。

（二）A公司是否应承担合同中约定的相关税费等费用

双方约定由A公司承担相关税费等费用,并不违反法律法规强制性规定,是合法有效的。A公司应该按照合同约定履行合同义务。

（三）案涉建筑物产权变更由谁负责办理

《中华人民共和国民法典》第五百零九条规定,"当事人应当按照约定全面履行自己的义务。当事人应当遵循诚信原则,根据合同的性质、目的和交易习惯履行通知、协助、保密等义务。当事人在履行合同过程中,应当避免浪费资源、污染环境和破坏生态。"

A公司和B石油公司在合同中约定,A公司负责办理产权变更手续,B石油公司积极配合。双方对地上建筑物的产权及占有使用状态均无异议,合同中对于办理产权变更的约定也并不违反法律法规强制性规定,是合法有效的约定,对双方均有约束力。因此,产权变更应由A公司负责办理,B石油公司配合办理。

（四）A公司是否应承担B石油公司超过合同约定金额部分的费用

在庭审中查明A公司之前已经将案涉资产变更产权所产生的税款转账给了B石油公司,B石油公司的证据不能证明其要求A公司承担的费用是案涉资产变更产权所产生的新增税款;对于其请求的滞纳金,因B

石油公司是纳税人，双方约定由 A 公司承担，应先由 B 石油公司向税务机关申请纳税，再通知 A 公司承担，B 石油公司未能提供证据证明其向税务机关申请并通知 A 公司；B 石油公司提供的土地使用税的证据未能证明是给案涉资产交纳的税款。因此，B 石油公司要求 A 公司承担超过合同约定金额部分的费用未得到支持。

（五）律师点评

本案涉及的一个焦点是法律能否支持纳税义务人和实际承担人不一致的问题，虽然我国税收管理方面的法律法规对于各种税收的征收均明确规定了纳税义务人，但是并未禁止实际由谁承担，即纳税义务人和实际承担人可以不一致，A 公司和 B 石油公司约定相关费用由 A 公司承担并不违反法律法规强制性规定，是合法有效的。

三、经验教训

本案中，B 石油公司在签订合同时未能明确停车位的具体位置，也未能与 A 公司及时沟通办理产权变更手续，并且在承担相关税费时未能固定证据确认产生税费具体原因，导致发生了一系列法律纠纷，也让 B 石油公司的仲裁请求被驳回。因此在日常经营管理过程中，认真论证合同等法律事务，认识到证据的重要性，防患于未然，营造良好的法律环境，能为公司正常运营提供有力的保障。

（一）注重项目前期法律合规化论证，合同签订要严格履行法律审核

B 石油公司签订本案合同时，还存有双方未确认的事项，留有法律漏洞，很容易导致双方之间的法律纠纷。因此，一个项目从前期谈判到后期履行都要有具备法律专业知识的人员参与，切实发挥好审核作用。

合同是确定双方之间权利义务最重要的根据，因而在签订合同前，一定要严格履行法律审核环节，对合同条款逐一进行审核，对可能产生

的法律风险做好论证，将可能产生的法律纠纷化解在合同里。

（二）管理上建立严格的合同履行跟踪制度，具备明确的时间观念，签订合同、督促履行时具有敏感的时效意识，对已签订的合同实行闭环管理

B石油公司与A公司签订合同后，未及时跟踪合同的履行，导致法律纠纷。因此，签订合同后，要持续跟进合同履行情况，及时作出合理预判和科学决策。在合同出现不能履行或迟延履行的情况下，要及时与对方沟通协商解决或通过司法途径解决，避免造成损失或损失扩大化。

（三）要重视证据链的形成过程，保留好证据，在涉诉的情况下，坚定信心，据理力争

在本案中，B石油公司在2023年提起诉讼时，因为证据不足被驳回仲裁请求。因此，在日常事务中，要重视证据链的形成过程，保留好证据，不能只重视证据最后形成的结果。

B石油公司在本案中也是穷尽了一切法律手段维护自身权益。案件的走向很多时候受审理法官主观认识的影响，"同案不同判"的情况屡见不鲜。因此，要有穷尽一切救济途径维护自身合法权益的认识，这不仅仅是挽回财产损失的需要，更是维护正面形象、提振全系统诉讼信心的需要。

案例二

A 公司诉 B 石油公司返还原物纠纷案件，B 石油公司诉 A 公司、E 公司、C、D "租赁" 合同纠纷案件

一、基本案情

（一）案件事实经过

E 公司成立于 2005 年 1 月 18 日，负责人为 C，是个人独资企业。A 公司成立于 1993 年 4 月 13 日，股东为 C 和 D 两个人，C 占股 60%，D 占股 40%。E 公司是在 A 公司的住所上注册成立的。2005 年 8 月 30 日，A 公司取得了建设用地规划许可证、建设工程规划许可证，此后又办理了房屋所有权证和国有土地使用权证，在该土地上建立了加油站。2005 年 9 月 1 日，A 公司因未参加企业年检，被工商局吊销营业执照，2017 年 A 公司成立清算组，由 D 任清算组负责人。

2006 年 3 月 22 日，E 公司与 B 石油公司签订《加油站资产租赁合同》，C 对该合同也进行了签字确认，约定将加油站的土地使用权、地上资产及经营权租赁给 B 石油公司，租期为 40 年。2006 年 3 月 24 日，双方对本合同进行了公证，2006 年 4 月 11 日，C 将加油站的资产证明做成清单移交给 B 石油公司。2006 年 4 月 5 日至 2008 年 6 月 17 日，B 石油公司已经将全部租金支付完毕，其中大部分租金由 D 进行接受。

2008 年 6 月 16 日，E 公司与 B 石油公司签订《补充协议》，约定将加油站资产转让给 B 石油公司，E 公司按照 B 石油公司的要求随时配

合办理产权过户手续，双方办理产权变更登记手续后，《加油站资产租赁合同》终止履行。

A公司起诉B石油公司、E公司，请求确认E公司与B石油公司签订的《加油站资产租赁合同》为无效合同，要求B石油公司返还加油站及相关权属证照。

B石油公司起诉A公司、E公司、C、D，请求继续履行《补充协议》，将加油站过户到B石油公司名下。

（二）各方观点

A公司认为，E公司与B石油公司签订《加油站资产租赁合同》，是无权处分行为，现A公司经过清算才发现该行为，因此决定对该行为不予追认，该合同为无效合同。

B石油公司认为，E公司与B石油公司签订合同是其代理行为，在签订合同时E公司提供了工商局证明，证明因A公司被吊销营业执照，E公司在A公司的住所上重新注册登记，E公司的负责人为A公司的法定代表人，该人员C在合同上签字确认，A公司只有两名股东C、D，租金大部分由D进行接受；且签订合同之后，B石油公司占有加油站至今已过十几年之久，A公司才称未经其追认，完全不符合逻辑；A公司和E公司已经产生了股东人格和公司人格的混同，两家公司完全由同一班人员组成。《加油站资产租赁合同》《补充协议》合法有效，对A公司、E公司均有约束力。

E公司则认为，E公司未经A公司的认可，私自将加油站租赁给B石油公司，认可A公司的主张。

E公司与B石油公司的争议焦点为双方签订的《加油站资产租赁合同》是否为无效合同，是否应将加油站过户到B石油公司名下。

一审法院认为，加油站的土地使用权证、房屋所有权证均登记在A公司名下，不存在混同的情况，E公司未经A公司的追认将加油站租赁给 B 石油公司，属于无权处分。签订合同时，E 公司未提及 A 公司，不构成表见代理。

二审法院认为，在双方签订合同过程中，C 作为 A 公司的法定代表人和 E 公司的负责人，已经在合同上签字确认，A 公司的另一股东 D 接受了大部分租金，A 公司和 C、D 已经全面履行合同义务长达十几年，一审法院认定为无权处分，与事实不符，发回一审重审。

重审一审法院认为，租赁合同涉及标的物的使用权和收益权，买卖合同涉及标的物的所有权，E 公司和 B 石油公司签订的《加油站资产租赁合同》已经被之后的《补充协议》取代，该补充协议性质为买卖合同。案涉加油站的土地使用权和房屋所有权登记在 A 公司名下，B 石油公司签订合同时就知道案涉不动产是他人依法享有的不动产，E 公司的行为是无权处分。我国公司法中人格混同条款只适用于股东逃避债务的情况，而本案是物权请求权，因此该条款与本案无关。

二审法院认为，租赁合同已经被买卖合同取代，《补充协议》为有效合同，但是依据法律规定，B 石油公司可以要求解除合同并主张损害赔偿；C 的签字仅代表 E 公司，B 石油公司签订合同时就知道相关产权登记在 A 公司名下，因此不构成善意取得，A 公司有权追回案涉资产。人格混同条款适用于债务人逃避债务、侵害债权人利益，不适用于本案。

再审法院认为，在 A 公司被吊销营业执照的情况下，作为持股 60% 的 C 在租赁合同和补充协议上签字，A 公司另一股东 D 收取租金，并在签订协议后将相关产权证原件交给 B 石油公司，而且在 B 石油公司经营加油站十余年间，C、D 两人均未提任何异议，原判决认为属于无权处分，缺乏事实和法律依据，发回二审法院重审。

二审法院再审认为，原一审、二审均未查清，属于认定基本事实不清，发回一审法院重审。

一审法院再审认为，C 作为 A 公司持股 60% 的股东和法定代表人，同时又是 E 公司的负责人，以 E 公司的名义与 B 石油公司签订合同，又将相关证照全部移交给 B 石油公司；D 作为 A 公司持股 40% 的股东，接受租金；C、D 的行为视为对租赁合同的追认，案涉租赁合同已经履行十余年，案涉租赁合同应为有效合同，在合同未解除，租赁期限尚未届满的时候要求返还加油站不能成立；法律规定租赁期限最长 20 年，超过部分无效，本案中租赁期限为 40 年，超过部分无效；《补充协议》是附生效条件的合同，双方约定产权变更登记之后，《加油站资产租赁合同》终止履行，资产归 B 石油公司，现产权还未变更，因此还未生效。

B 石油公司诉 A 公司、E 公司、C、D，要求对加油站的相关资产进行过户，对此，一审法院认为，《加油站资产租赁合同》是合法有效的合同，同理，《补充协议》也是合法有效的合同，E 公司应按照合同约定履行合同义务，将加油站的相关资产变更至 B 石油公司名下。

二审法院认为，应进一步查明 A 公司、E 公司之间的权利义务关系，因此发回一审法院重审。

（三）案件审理情况

2017 年，A 公司起诉 B 石油公司、E 公司，一审法院支持了 A 公司的诉讼请求；二审法院撤销一审判决，发回重审；一审法院再一次支持 A 公司的诉讼请求；二审法院驳回 B 石油公司的上诉，维持了原判；B 石油公司申请再审，再审法院指令二审法院重审；二审法院撤销一审、二审判决，发回一审法院重审；一审法院驳回了 A 公司的诉讼请求。

2023 年，B 石油公司起诉 A 公司、E 公司、C、D，要求履行《补充协议》，一审法院判决 E 公司履行合同义务；二审法院撤销一审判决，发回重审。现本案还在审理当中。

二、案例评析

本案的争议焦点为 E 公司和 B 石油公司签订的《加油站资产租赁合同》《补充协议》是否为合法有效合同。

（一）E 公司和 B 石油公司签订的《加油站资产租赁合同》是否为合法有效合同

《中华人民共和国民法典》第一百七十一条规定，"行为人没有代理权、超越代理权或者代理权终止后，仍然实施代理行为，未经被代理人追认的，对被代理人不发生法律效力"；第一百七十二条规定，"行为人没有代理权、超越代理权或者代理权终止后，仍然实施代理行为，相对人有理由相信行为人有代理权的，代理行为有效"；第七百零五条规定，"租赁期限不得超过二十年。超过二十年的，超过部分无效。"

C 为 A 公司的法定代表人，又持股 60%，D 为 A 公司的股东，持股 40%。A 公司在签订合同之前就已经被吊销营业执照，E 公司是在 A 公司的住所上注册成立的，E 公司与 B 石油公司签订《加油站资产租赁合同》，C 作为 E 公司的负责人签字确认，后又将加油站资产的相关证照原件制作成清单移交给 B 石油公司；B 石油公司支付的租金又被 D 接受；在 B 石油公司占有、经营加油站的十余年间，C、D 均未提出任何异议。因此，C、D 的行为已经追认了 E 公司的行为，即 E 公司和 B 石油公司签订的《加油站资产租赁合同》得到了 A 公司股东 C、D 的追认，是合法有效的合同，只是租赁期限约定为 40 年，按照法律规定，租赁期限最长不超过 20 年，超过部分无效，因此《加油站资产租赁合同》中超过 20 年的租期无效。

（二）E 公司和 B 石油公司签订的《补充协议》的效力能否及于 A 公司

《中华人民共和国民法典》第五百九十五条规定，"买卖合同是出卖人转移标的物的所有权于买受人，买受人支付价款的合同"；第五百九十七条规定"因出卖人未取得处分权致使标的物所有权不能转移的，买受人可以解除合同并请求出卖人承担违约责任"。

E公司和B石油公司在《补充协议》中约定，在《加油站资产租赁合同》履行期间，E公司根据B石油公司的要求随时将产权变更至B石油公司名下，协助B石油公司完成过户事宜，即该补充协议已经变成买卖合同。

在该《补充协议》上仍然有C的签字确认，但是能否认定为A公司的另一股东D也对此行为予以确认，还需进一步论证。所以A公司持股40%股东的D之前接受租金是因为租赁加油站，该行为不能直接认定为对买卖行为的追认，B石油公司在签订《补充协议》之时，就已经明知相关产权登记在A公司名下，A公司已经注销，而A公司的股东有C、D两个人，因此还需进一步补充案件细节确认《补充协议》的效力能否及于A公司。

依据法律规定无权处分的合同也是有效的合同，即《补充协议》无论是否被认定为无权处分合同，都是有效合同，只是合同约定能否及于A公司的问题。

（三）律师点评

本案的法律关系很复杂，各级人民法院对此理解也有所出入，导致本案出现多次发回重审，现还在审理当中。

本案中有两份合同，第一份合同是E公司和B石油公司签订的《加油站资产租赁合同》，第二份合同是E公司和B石油公司签订的《补充协议》，从两份合同的性质看，第一份合同为租赁合同，第二份合同为买卖合同。

案涉加油站的不动产权属证明是登记在A公司名下的，那么就产生E公司签订合同的行为是否为无权处分的问题。对于第一份合同，有A

公司股东 C、D 两个人的行为追认，即 C 在合同中签字并将相关资产制作清单交给 B 石油公司，D 接受了大部分的租金，因此可以确认《加油站资产租赁合同》得到了 A 公司的追认，A 公司也受到《加油站资产租赁合同》的约束力。第二份合同可以确认的是，有 A 公司法定代表人兼持股 60% 的股东 C 的签字，但是 C 同时是 E 公司的负责人，C 的签字行为代表的是 E 公司，A 公司另一股东 D 在《补充协议》中并未体现，D 之前收取租金的行为可以理解为是对《加油站资产租赁合同》的追认，但是能否将 D 的行为理解成收取的买卖合同金额，有待商榷，因此不能将《补充协议》直接同理《加油站资产租赁合同》，认为《补充协议》的效力及于 A 公司。

三、经验教训

B 石油公司在签订合同时并不严谨，明知加油站不动产相关权属登记在另一公司名下，但是未找另一公司进行确认，虽然另一公司已经注销，但是可以明确另一公司的股东只有两名，在签订合同时应要求两名股东同时代表公司签字确认。因此，在日常经营管理当中，必须做好前期论证，充分认识法律风险，加强法律意识，建立、实施有效的风险防控制度。

（一）项目开始前做好多角度论证，充分认识法律风险，制定科学有效的合规审查制度

B 石油公司在签订合同时忽略了公司法人和自然人是两个独立的个体，C 虽然是 A 公司的法定代表人，但同时是 E 公司的负责人，其签字行为是代表 E 公司，而不是代表 A 公司，导致后续产生了一系列法律纠纷。因此，在项目开始前一定要做好多角度论证，将法律结合实务，充分认识每个环节的法律风险，与经营管理密切的业务加大培训力度，制定科学有效的合规审查制度，对项目的关键人员进行考核备案，做到

全员了解业务流程、关键风险点及防控措施，提高全员合规管理意识及能力。

（二）加强合同管理审查，落实合同签订及履行责任，及时有效防范、化解法律风险

在本案中，B石油公司对于合同相对方的主体论证不够，导致与E公司签订合同之后，又未能及时沟通A公司的两名股东，要求其追认合同，导致出现法律纠纷。因此一定要加强合同管理审查，签订合同之后也要及时追踪履行进度，保证合同目的能够实现。

首先，要依法严格签订合同，从法律意义上讲，合同分有效、无效、效力待定三种情形，而法律对有效合同的保护最为严格，因此依法签订有效合同是预防合同纠纷的根本。要认真审查对方主体资格和资信能力，防止"钓鱼合同"出现，签订合同时，防止虚构单位或者冒用别人名义的公司与自己签订合同。预防合同中出现"陷阱条款"，签订合同要坚持诚实守信原则，对于己方的履约能力要有正确的估计，若对方一谓加大别人的合同义务，自己却不承担任何实质性义务或责任，就应谨慎与之签订合同。

其次，要坚持书面合同形式，杜绝"口头君子协议"，重视"示范合同文本"的运用。

再次，要加强合同闭环管理，落实合同签订履行责任，提升合同签约质量和履约能力。对于合同履行过程中，出现相对人履约能力不足、可能存在潜在违约风险时，要及时提出应对措施，避免合同纠纷。

最后，要充分重视法律专业人员的作用，开展重大业务，要综合公司法务意见进行项目论证，签订合同时，法务部门要专项审查合同名称、合同类别、权利义务关系、风险分摊、违约责任、适用法律、招投标结果一致性、保密约定、条款齐全完备、争议解决方式等内容。

案例三

A 加油站诉 B 石油公司
"加油站资产转让"纠纷案件

一、基本案情

（一）案件事实经过

2007 年 6 月，某政府颁发集体土地使用证，土地使用者为 A 加油站，土地所有权人为某村。2011 年 12 月 9 日，B 石油公司与 A 加油站签订《资产转让合同》，转让标的物为 A 加油站，包括不动产和动产，总价款为 900 万元。2011 年 12 月 14 日，B 石油公司向 A 加油站的法定代表人支付了 300 万元。

2014 年 8 月 4 日，某政府出具《临时使用集体土地的通告》，将加油站所在的集体土地划入临时使用土地。2017 年 6 月 7 日，B 石油公司出具收条，写明收到 A 加油站的营业执照、成品油零售许可证、危险化学品经营许可证等证照。

B 石油公司实际经营加油站的时间为 2012 年至 2017 年，2018 年加油站停业。

A 加油站起诉 B 石油公司，要求解除合同，归还 A 加油站的相关证照，赔偿 A 加油站租金损失、税金损失。B 石油公司反诉 A 加油站，要求解除合同，返还已支付的 300 万元及利息，赔偿损失并支付违约金。

（二）各方观点

A 加油站认为，A 加油站所在的土地为集体土地，并且已经被某政府划入临时用地，无法办理转让手续，因此《资产转让合同》法律和事实上履行不能；B石油公司在签订合同时就明知该土地为集体土地，具有主观过错，B石油公司自2011年开始就一直实际占有、经营该加油站，A加油站并未违约。

B石油公司认为，B石油公司已经按照合同约定履行了合同义务，自2011年双方签订合同到2014年政府临时用地通知有近4年时间，并且临时用地时间一般都是2年，现距临时用地通知已过7年之久，A加油站至今未履行合同义务，已构成根本违约。

本案的争议焦点为双方签订的《资产转让合同》是否应解除，A加油站是否违约。

一审法院认为，A加油站的土地为集体土地，政府也将该土地划入临时用地，因此双方签订的合同法律和事实上履行不能，A加油站并未违约。

二审法院认为，A加油站未能按照合同约定履行合同义务，构成违约；B石油公司在2012年至2017年经营加油站，不支持返还已支付的款项；投入的金额属于经营成本，且签订合同时明知是集体土地，应承担交易风险，不支持赔偿损失。

（三）案件审理情况

一审法院判决，解除双方签订的合同，B石油公司返还加油站及相关证照。B石油公司不服，提起上诉。二审法院判决，撤销一审判决，解除合同，B石油公司返还加油站及相关证照，A加油站向B石油公司支付违约金。

二、案例评析

本案是合同纠纷，争议焦点为A加油站是否违约，双方签订的《资产转让合同》是否应解除；解除合同后，应如何认定双方之间的权利义务。

（一）A 加油站是否构成违约，双方签订的《资产转让合同》是否应予以解除

《中华人民共和国民法典》第五百六十二条规定，"当事人协商一致，可以解除合同"；第五百六十三条规定，"有下列情形之一的，当事人可以解除合同：（一）因不可抗力致使不能实现合同目的；（二）在履行期限届满前，当事人一方明确表示或者以自己的行为表明不履行主要债务；（三）当事人一方迟延履行主要债务，经催告后在合理期限内仍未履行；（四）当事人一方迟延履行债务或者其他违约行为致使不能实现合同目的；（五）法律规定的其他情形。"

双方签订合同是在 2011 年，虽然政府将加油站的土地划入临时用地，但是到 2014 年，中间有近四年的时间，在这期间 A 加油站并未将加油站的不动产转移至 B 石油公司名下。临时用地按照法律规定一般为 2 年时间，提起诉讼时已经过了将近 7 年时间，A 加油站仍未将不动产转移至 B 石油公司，因此 A 加油站的行为已经明显违约，B 石油公司有权解除合同，并且在诉讼中 A 加油站和 B 石油公司双方已经就解除合同达成了一致意见。因此，A 加油站的行为已经构成违约，双方签订的《资产转让合同》应当解除。

（二）合同解除之后，双方之间的权利义务该如何认定

《中华人民共和国民法典》第五百六十六条规定，"合同解除后，尚未履行的，终止履行；已经履行的，根据履行情况和合同性质，当事人可以请求恢复原状或者采取其他补救措施，并有权请求赔偿损失。合同因违约解除的，解除权人可以请求违约方承担违约责任，但是当事人另有约定的除外。"

依据法律规定，A 加油站应承担违约责任，在合同中已经约定违约金，因此 A 加油站应向 B 石油公司支付违约金；B 石油公司应将加油站及相关证照还给 A 加油站。

根据双方合同履行情况，B 石油公司自 2012 年至 2017 年一直在经营加油站，因此其投入属于正常成本；在双方签订合同时 B 石油公司明知加油站的土地是集体土地，即明知可能存在无法过户的交易风险仍进行交易，因此不能要求 A 加油站赔偿损失。

（三）律师点评

本案是合同纠纷，在司法实践中，双方的合同约定是法官进行裁判的根据之一。因此，在签订合同之前，一定要对该合同涉及的项目进行多方论证，要清楚所有合同条款对自身的利与弊，最后作出最有利的判断。

B 石油公司与 A 加油站签订合同时，就清楚加油站所在的土地是集体土地，那么就应该对于该土地如无法转让到 B 石油公司名下的情况作出相应的约定，从而保障自身利益，使合同目的能够实现。

在 A 加油站确定违约之后，应及时与 A 加油站进行沟通，通过进一步协商寻求解决方法，能够确保加油站始终由 B 石油公司运营，保证 B 石油公司的合法权益；如协商不成，应及时进行维权，防止损失的扩大。

三、经验教训

近年来，加油站资产转让合同的纠纷案件不断滋生，因作为合同标的物的加油站身价大涨，而转让的手续又有机可乘，部分转让方自然想要回已经转让的加油站或获得更多利益。如果企业能从自身做起，从源头上堵塞漏洞，不给对方可乘之机，此类纠纷必然大大减少。

（一）签订合同时一定要做好论证，对于合同标的物做好尽职调查

在本案中，A 加油站的土地是集体土地，B 石油公司在签订合同时应知道土地性质，而集体土地的所有权人是属于村集体的，A 加油站约定将集体土地的使用权证转让给 B 石油公司，显然违反了法律规定。因

此，在签订此类资产转让合同之前，一定要进行足够的各方论证，做好对合同标的物的尽职调查，了解清楚标的物的真实情况，再结合实际，作出最有利于自身的判断，最后决定是否签订合同。

（二）确定签订合同之后，对于合同的条款要进行仔细审查，保证合同的履行对我方有利

在本案中，A 加油站和 B 石油公司签订的《资产转让合同》中对于违约金的约定过低，导致 A 加油站违约成本过低，对于合同的履行并不积极，怠于履行合同义务。

在民事活动中，石油公司基于其企业性质，往往是非违约一方，追求的是合同目的的实现。因此，在签订合同前，要仔细审查合同条款，有必要把合同条款规定的更灵活、细致，包括严格违约责任、保留解除权等条款，确保自身始终处于主动且有利地位。

在本案中，B 石油公司的损失赔偿请求未得到法院的支持。在司法实践中，很多时候间接损失难确定，而法院或仲裁机构一般都是根据当事人事先约定的数额计算可得利益损失的方法来确定赔偿范围。因此，签订合同时要充分估计到各种违约情形和利益损失，在合同中予以约定。

（三）在确定对方违约的情况下，要及时维权，以免损失扩大

在本案中，A 加油站在 2011 年签订合同之后，就未按照合同约定将不动产转移至 B 石油公司名下，即在 2012 年年初 A 加油站就已经违约，B 石油公司应该积极与其沟通，寻求解决方法。在日常的民事活动中，时常会遇到对方违约的情况，对此绝不能因轻信和大意留下隐患，而是要积极沟通，及时维权，以免造成更大的损失。

案例四

A 石油公司诉 B、C 公司 "赊购油款" 纠纷案件

一、基本案情

（一）案件事实经过

2019 年 11 月至 12 月间，C 公司的车队在 A 石油公司所属的加油站进行加油并出具"收据"，写明是 C 公司所欠、司机姓名、车牌号及加油金额。C 公司的出纳 B 于 2019 年 12 月 3 日核对赊购的油款之后出具总欠据，2019 年 12 月 26 日，C 公司向 A 石油公司加油站负责人 D 的账户转账了部分油款。现案涉加油站已经注销。

C 公司的法定代表人已支付 2019 年 11 月 19 日、2019 年 12 月 5 日、2019 年 12 月 13 日所欠的油款。

A 石油公司起诉 B、C 公司，要求其支付所欠油款，油款的数额为 B 核对之后出具的总欠据数额；加油站的负责人 D 作为第三人参加了诉讼。

（二）各方观点

A 石油公司认为，B 是 C 公司的员工，2019 年 4 月至 2019 年 12 月，C 公司多次在 A 石油公司加油站进行赊购，B 对此进行核算并确认总金额，但是一直未给付。

B 认为，赊购的日期为 2019 年 11 月至 2019 年 12 月，自己是 C 公司的员工，核对所欠金额是职务行为，2019 年 12 月 26 日已经给加油站的负责人转账过部分款项，因此所欠款项并不是 A 石油公司主张的那么多。

C公司认为，2019年12月26日已经支付过部分款项，所欠金额应扣除该款项。

D认为，C公司转账的款项是在双方核对完账单之后又产生的赊购款，与本次所欠油款无关。

双方的争议焦点为C公司在2019年12月26日支付的款项是否为与本案所欠款项有关，C公司应支付多少款项。

法院认为，C公司车辆到A石油公司加油站加油，并出具收据等凭证，双方之间的买卖合同关系成立，C公司未付清所欠款项，已经违约，应承担付款责任。但A石油公司未提供证据证明2019年12月26日收到的款项与本案欠据无关的事实，因此C公司应支付的款项为从总欠据金额中扣除2019年12月26日的转账金额。

（三）案件审理情况

法院判决C公司支付从总欠据金额中扣除2019年12月26日转账金额的款项，并按照一年期贷款市场报价利率（LPR）为基础、加计50%支付逾期付款利息。

二、案例评析

本案的争议焦点为C公司2019年12月26日转账给加油站负责人D的款项是否为偿还本案所欠款项，C公司是否应承担违约责任。

（一）C公司2019年12月26日转账给D的款项是否为偿还本案所欠款项

双方对账是在2019年12月3日进行的，C公司是在2019年12月26日向D转账的，即双方的对账在前，转账在后，按照日常的交易习惯，都会认为该笔转账是偿还的双方对账所欠款项，除非有证据证明该笔款项与双方对账金额无关。

依据《最高人民法院关于适用〈中华人民共和国民事诉讼法〉的解

释》第九十条"当事人对自己提出的诉讼请求所依据的事实或者反驳对方诉讼请求所依据的事实，应当提供证据加以证明，但法律另有规定的除外。在作出判决前，当事人未能提供证据或者证据不足以证明其事实主张的，由负有举证责任的当事人承担不利的后果"的规定，A 石油公司承担 C 公司所欠款项数额的举证责任，A 石油公司未能提供证据证明 2019 年 12 月 26 日转账款项与本案无关，因此应承担举证不利的责任，即 C 公司 2019 年 12 月 26 日转账的数额会被认定为是偿还本案案涉总欠据的款项。

（二）C 公司是否应承担违约责任

C 公司的车辆在 A 石油公司的加油站加油，并出具收据，写明欠款人、欠款数额，C 公司此后也对账确认了上述事实，双方已经构成事实的买卖合同。双方对账完之后，C 公司负有付清所欠款项的义务，但 C 公司并未完全付清所欠款项，已经构成违约，应承担违约责任。

依据《中华人民共和国民法典》第五百七十七条"当事人一方不履行合同义务或者履行合同义务不符合约定的，应当承担继续履行、采取补救措施或者赔偿损失等违约责任"，《最高人民法院关于审理买卖合同纠纷案件适用法律问题的解释》第二十四条第四款"买卖合同没有约定逾期付款违约金或者该违约金的计算方法，出卖人以买受人违约为由主张赔偿逾期付款损失的，人民法院可以中国人民银行同期同类人民币贷款基准利率为基础，参照逾期罚息利率标准计算"的规定，C 公司应向 A 石油公司支付逾期付款违约金。

（三）律师点评

在本案中，A 石油公司主张 C 公司 2019 年 12 月 26 日转账的款项与案涉总欠据无关，需要提供证据证明。在无证据证明的情况下，法官只能依据交易习惯、证据的高度盖然性等原则去确定案件中的法律事实。

依据最高人民法院关于适用《中华人民共和国民事诉讼法》的解释第一百零八条"对负有举证证明责任的当事人提供的证据，人民法院经审查并结合相关事实，确信待证事实的存在具有高度可能性的，应当认定该事实存在。对一方当事人为反驳负有举证证明责任的当事人所主张事实而提供的证据，人民法院经审查并结合相关事实，认为待证事实真伪不明的，应当认定该事实不存在。法律对于待证事实所应达到的证明标准另有规定的，从其规定"的规定，在本案中，A石油公司对于2019年12月26日的转账款项与本案无关的事实，无法提供证据证明，因此法官会按照自由裁量权，结合本案相关事实，即双方在2019年12月3日进行对账确认欠款总金额，之后C公司于2019年12月26日给A石油公司转账部分款项，再结合交易习惯，判断C公司2019年12月26日的转账款项与本案有关。

三、经验教训

在本案中，A石油公司加油站允许C公司车辆进行赊购，之后与C公司的员工B对账总金额，虽然双方对之前赊购的金额没有异议，但是对完账之后又让C公司继续赊购，而未及时与C公司进行第二次对账确认，导致C公司2019年12月26日转账的款项被认定为是对第一轮对账确认的欠款的还款。因此，要建立完备的财务审查制度，让每一笔款项的进出都有相应的依据，并做好证据的收集、保留。

（一）要建立完备的财务审查制度

A石油公司在未与C公司签订相关合同的情况下，允许C公司车辆进行赊购，在双方对完账之后又让C公司进行赊购，导致产生法律纠纷。

在日常经营管理中，一定要建立严格完备的财务审查制度，让财务与业务紧密结合，让每一笔款项的出入都能够有所依据，让每一笔业务的达成都能够有相应的财务证明。

（二）要收集好证据

在本案中，双方对完账后，A石油公司加油站又允许C公司重新赊购，但是并未保留好重新赊购的证据，在C公司转账相关款项之后并未确认该款项的用途。因此，在日常管理运营中一定要做好证据的保留，还要做好证据的收集工作，如在C公司转账之后，与其确认该款项是支付的哪一笔欠款，或者在双方对完账之后，C公司重新赊购的时候保留好证据。

在民事活动中，证据具有至关重要的作用，甚至是决定性的作用，因此要有保留证据的意识，做好收集证据的工作。

案例五

A 石油公司诉 B 公司和 C 公司 "加油站场地租赁" 纠纷案件

一、基本案情

（一）案件事实经过

2009 年 8 月 21 日，A 石油公司与 B 公司签订了《加油站场地租赁合同书》，租赁了六座加油站场地，用于加油站建设及经营。合同约定，租赁期限 20 年，租赁费 2400 万元，租赁期届满后展期 10 年，租赁费 1200 万元。A 石油公司于 2009 年 8 月向 B 公司支付 2800 万元租赁费，于 2009 年 12 月 25 日支付 720 万元租赁费，已支付完所有租赁费。

2010 年，B 公司取得划拨性质的《国有土地使用权证》，用途均为高速公路用地。2010 年，A 石油公司建设六座加油站，已经通过了商务、消防、安检等部门的验收。2014 年，A 石油公司针对六座加油站提交了《成品油零售经营资格申请表》，还未取得相关证照。

2018 年 12 月 7 日，B 公司和 B 公司的股东 C 公司与某市政府签订了《执行和解协议》，约定将公路及公路经营权归还给市政府，并于 2019 年 1 月 28 日与 E 公司（股东为某市国有资产监督管理委员会）、F 公司（股东为某市交通投资有限公司）签订了相关移交合同。

（二）各方观点

A 石油公司认为，2010 年 B 公司取得划拨性质的国有土地使用权证，B 公司和 C 公司与某市政府、E 公司、F 公司签订相关合同，表明 C 公司作为 B 公司的股东对案涉土地拥有出租权，并已经对 B 公司出租行为予以了追认，现因划拨土地性质导致 A 石油公司未能办理相关证照，致使合同目的无法实现，因此应解除租赁合同，返还 A 石油公司的租金并承担损失。

B 公司认为，A 石油公司作为经营油气的企业，应当知晓加油站的建设、经营等审批条件，签订合同时 B 公司并未隐瞒土地的实际情况，A 石油公司的加油站已经投入运营，B 公司已经履行合同义务。

C 公司认为，C 公司并不是本案合同相对方，也并未对 B 公司和 A 石油公司的任何行为进行追认，A 石油公司无权向 C 公司主张任何权利。

本案主要争议事项为双方签订的租赁合同是否符合法定解除条件。

一审法院认为，A 石油公司是以油气经营为业务的公司，对于加油站建设和经营的审批条件是明确知晓的，在签订合同时 A 石油公司对案涉土地的性质等实际情况是明知的，B 公司已经取得了国有土地使用权，并将案涉场地交付给 A 石油公司使用，已经履行了合同义务。A 石油公司已经建设六座加油站，合同目的已经实现，双方应当继续履行合同。A 石油公司并未提交证据证明其无法取得相关证照和无法正常经营是因 B 公司划拨土地性质导致的。

二审法院认为，租赁合同不得超过二十年，超过部分无效，因此双方约定的租赁期限届满展期十年的约定无效。

（三）案件审理情况

一审法院驳回了 A 石油公司的全部诉讼请求，二审法院撤销了一审判决书，判决 B 公司返还展期内租金，驳回 A 石油公司的其他诉讼请求。现 B 公司已将 1200 万元展期内租金返还给了 A 石油公司。

二、案例评析

本案的争议焦点为 A 石油公司和 B 公司签订的租赁合同是否符合

法定的解除条件；租赁合同届满之后展期十年是否有效；C 公司作为 B 公司的控股股东是否对其出租加油站场地的行为进行追认并承担相应责任。

（一）A 石油公司和 B 公司签订的租赁合同是否符合法定解除条件

《中华人民共和国民法典》第五百六十三条规定："有下列情形之一的，当事人可以解除合同：（一）因不可抗力致使不能实现合同目的；（二）在履行期限届满前，当事人一方明确表示或者以自己的行为表明不履行主要债务；（三）当事人一方迟延履行主要债务，经催告后在合理期限内仍未履行；（四）当事人一方迟延履行债务或者有其他违约行为致使不能实现合同目的；（五）法律规定的其他情形。以持续履行的债务为内容的不定期合同，当事人可以随时解除合同，但是应当在合理期限之前通知对方。"

A 石油公司与 B 公司签订租赁合同时，对于案涉土地的性质等实际情况是明确知晓的，B 公司在双方签订合同之后取得了国有土地使用权并将案涉土地交付 A 石油公司，B 公司已经履行了合同义务。A 石油公司的六座加油站也已经建设完毕并竣工验收，案涉土地至今还被 A 石油公司占有使用。

A 石油公司也未提交证据证明，其六座加油站未取得相关证照、无法正常经营是因为 B 公司出租划拨土地导致的。依据"谁主张谁举证"的原则，A 石油公司未能举证证明其损失与 B 公司、C 公司有关，因此应承担举证不利的责任。

因此，一审、二审法院均认为 A 石油公司和 B 公司的租赁合同不符合法定解除条件。

（二）租赁合同届满之后展期十年是否有效

《中华人民共和国民法典》第七百零五条规定，"租赁期限不得超过二十年。超过二十年的，超过部分无效。"本案中，双方约定租赁期限为二十年，但是还约定租赁期限届满展期十年，展期内还有租赁费，因此本案的租赁期限实际已经超过二十年，超过二十年租赁期限的十年展期是无效的。

（三）B公司不属于无权代理，C公司无须进行追认并承担责任

B公司是独立法人，根据《中华人民共和国民法典》第五十七条"法人是具有民事权利能力和民事行为能力，依法独立享有民事权利和承担民事义务的组织"的规定，B公司依法独立享有民事权利和承担民事义务。B公司就案涉土地取得了《国有土地使用权证》，可以单独就案涉土地签订相应的合同，无须C公司的追认，不属于无权代理行为。

C公司并不是案涉租赁合同的相对方，依据《中华人民共和国民法典》第四百六十五条"依法成立的合同，受法律保护。依法成立的合同，仅对当事人具有法律约束力，但法律另有规定的除外"的规定，租赁合同的相对方是A石油公司和B公司，该合同仅对A石油公司和B公司有约束力，A石油公司不能依据该合同主张C公司承担违约责任。

（四）律师点评

在本案中，最需要证明的因果关系为A石油公司的损失是否与B公司有关。因此，A石油公司应向相关部门求证，让其出具书面文件或者提起行政诉讼，明确未能取得相关证照的原因。

依据《中华人民共和国城镇国有土地使用权出让和转让暂行条例》第四十四条"划拨土地使用权，除本条例第四十五条规定的情况外，不得转让、出租、抵押"和第四十五条"符合下列条件的，经市、县人民政府土地管理部门和房产管理部门批准，其划拨土地使用权和地上建筑物、其他附着物所有权可以转让、出租、抵押：（一）土地使用者为公司、企业、其他经济组织和个人；（二）领有国有土地使用证；（三）具有地上建筑物、其他附着物合法的产权证明；（四）依照本条例第二章的规定签订土地使用权出让合同，向当地市、县人民政府补交土地使用

权或者以转让、出租、抵押所获效益抵交土地使用权出让金"的规定，划拨土地使用权是不能直接出租的，如 A 石油公司未取得相关证照是因为划拨土地性质，B 公司在明知是划拨土地的情况下还出租给 A 石油公司，并且至 2023 年 A 石油公司提起诉讼为止，B 公司还未能符合法律规定的划拨土地出租条件，显然对 A 石油公司的损失是有过错的，因此应要求 B 公司对 A 石油公司的损失承担赔偿责任。

三、经验教训

本案中 A 石油公司存在合同签订有漏洞、风险识别缺位或延迟等问题，这些问题是引发法律风险的重要因素，必须高度重视。

（一）做好尽职调查，仔细审查合同，严格执行审批流程

在本案中，B 公司还未取得国有土地使用权，A 石油公司就与其签订租赁合同，虽然在签订合同之后，B 公司取得了国有土地使用权，但其性质是划拨土地，导致 A 公司至今未能取得加油站相关证照、正常经营。

因此，在项目立项谈判时，首先，务必要审查签约方资质，做好尽职调查，不仅要了解对方资信情况、商业信誉、履约情况，还需查明涉及不动产等资产的权属和证照办理情况，确保合同签订不存在法律漏洞。其次，对于周期较长的合同，需要严格执行审批流程，务必履行专业、技术、法律三项审查，合同内容务必切合实际，充分考虑双方履约能力，合同条款约定清晰，避免出现因约定不明使我方维权处于被动地位。

（二）在项目开始前必须做好可行性研究，以科学充分的调查论证为前提

在本案中，A 石油公司的六座加油站在长达 13 年的租期内基本处于关停状态，显然与签订合同的目的不符。

在签订相关合同前，必须做好调查和充分论证，加强对可行性研究报告的论证，切实发挥好法律审核作用，确保合同签订的项目在法律和事实上均可实施。

（三）积极主动作为，防范化解法律风险

在本案中，A 石油公司和 B 公司签订租赁合同是在 2009 年，但是直到 2023 年，六座加油站还未能取得相关证照，未能正常营业。A 石油公司未能及时与 B 公司协商解除合同或以司法途径解决，而是任由事态发展。因此，在发现问题时，应积极主动作为，及时与相对方沟通或尽快启动司法程序，防范化解法律风险，防止损失扩大。

（四）充分认识证据的重要性，做好证据的固定及保存

在本案中，A 石油公司未能提供证据证明其未取得相关证照、无法正常经营是因为 B 公司的划拨土地性质导致的。

法院认定的事实是法律事实，而法律事实是根据案件的证据形成的，根据"谁主张谁举证"原则，当事人需对提出的主张提供证据，没有证据或者证据不足以证明当事人的主张的，由负有举证责任的当事人承担不利后果。因此，在启动司法程序前，应进行充分的法律论证，对证据进行分析，补正证据；在日常工作中，业务人员要有保留证据的警觉性，在与对方沟通或送达文书时务必须取得回执或以不同方式予以佐证。

（五）规范合规论证及决策流程，建立责任考核和追究机制

在本案中，A 石油公司与 B 公司的租赁合同和加油站的建设未经过多方论证，导致存在诸多漏洞和法律风险。因此，必须建立合规论证及责任考核和追究机制，层层把关，形成考核闭环，才能从制度上保障公司高质量发展。

案例六

A 石油公司诉 B 公司
"赊购巨额柴油"纠纷案件

一、基本案情

（一）案件事实经过

2014 年 6 月 10 日，A 石油公司与 B 公司签订《购销合同》，约定由 A 石油公司向 B 公司提供柴油。B 公司于 2015 年 8 月 25 日出具《还款计划》，确认共欠 A 石油公司 2609 万元。后经双方多次对账，确认 B 公司欠付油款 1817 万元整。

A 石油公司向法院起诉，要求 B 公司支付油款并承担逾期付款违约利息。

（二）各方观点

A 石油公司认为，双方签订合同之后，A 石油公司已经按照合同约定给 B 公司提供了柴油，后经双方对账确认 B 公司欠付油款 1817 万元整，B 公司未按合同约定履行给付油款义务，应承担违约责任，按照中国人民银行同期同类人民币贷款基准利率为基础计算逾期支付利息。

B 公司认为，欠付 1817 万元油款是事实，但是双方并未约定违约利息，不应由 B 公司承担利息，B 公司经营状况出现问题，无法偿还。

双方之间的主要争议是 B 公司是否应支付违约利息，违约利息应按照什么标准计算。

法院认为，B 公司并未履行支付油款义务，已经构成违约，应支付违约利息，但是 B 公司采取了积极补救措施，因此不应计收罚息，2019

年 8 月 19 日之前的利息按照中国人民银行同期同类一年期人民币贷款基准利率为基础计算，2019 年 8 月 20 日之后的利息按照中国人民银行授权全国银行间同期同类一年期贷款利率为基础计算。

（三）案件审理情况

一审法院支持了 A 石油公司要求 B 公司支付油款和违约利息的诉讼请求，违约利息按照中国人民银行同期同类一年期人民币贷款基准利率和中国人民银行授权全国银行间同期同类一年期贷款利率分段计算收取。

2021 年 8 月 16 日，法院向 A 石油公司出具《民事裁定书》，因 B 公司名下暂未发现可供执行的财产，终结执行程序。

二、案例评析

本案的争议焦点为 B 公司是否应支付违约利息，违约利息应按照什么标准计算。

（一）B 公司是否应支付违约损失

《最高人民法院关于适用〈中华人民共和国民法典〉时间效力的若干规定》第一条第二款规定，"民法典施行前的法律事实引起的民事纠纷案件，适用当时的法律、司法解释的规定，法律、司法解释另有规定的除外。"

B 公司的违约行为发生在民法典施行前，因此应适用民法典施行前的法律、司法解释的规定。

《中华人民共和国合同法》第六十条第一款规定，"当事人应当按照约定全面履行自己的义务。"A 石油公司已经按照合同约定向 B 公司提供柴油，B 公司未能履行给付油款的义务，已经形成违约，因此应支付相应的违约损失。

（二）B公司支付的违约损失应按照什么标准计算

《最高人民法院关于审理买卖合同纠纷案件适用法律问题的解释》第十八条第四款规定"买卖合同没有约定逾期付款违约金或者该违约金的计算方法，出卖人以买受人违约为由主张赔偿逾期付款损失，违约行为发生在2019年8月19日之前的，人民法院可以中国人民银行同期同类人民币贷款基准利率为基础，参照逾期罚息利率标准计算；违约行为发生在2019年8月20日之后的，人民法院可以违约行为发生时中国人民银行授权全国银行间同业拆借中心公布的一年期贷款市场报价利率（LPR）标准为基础，加计30%～50%计算逾期付款损失。"

B公司逾期付款之后，积极与A石油公司沟通，签订《还款计划》，并多次还款，最后对账确定总欠款金额，B公司的行为是在采取积极补救措施。因此，可以不再加计逾期付款损失。

依据法律规定，在2019年8月19日之前的违约损失按照中国人民银行同期同类人民币贷款基准利率为基础计算，2019年8月20之后的违约损失按照中国人民银行授权全国银行间同业拆借中心公布的一年期贷款市场报价利率（LPR）标准为基础计算。

（三）律师点评

本案案情比较简单，难点在执行环节。在司法实践中，很多人虽然拿到了胜诉的判决，但是往往由于对方名下无财产或者故意转移资产等原因导致执行困难，现本案已经因为B公司名下无可执行的财产而终结执行程序。依据《最高人民法院关于适用〈民事诉讼法〉的解释》第五百一十七条"经过财产调查未发现可供执行的财产，在申请执行人签字确认或者执行法院组成合议庭审查核实并经院长批准后，可以裁定终结本次执行程序。依照前款规定终结执行后，申请执行人发现被执行人有可供执行财产的，可以再次申请执行。再次申请不受申请执行时效期间的限制"的规定，如果之后再发现B公司名下有可供执行的财产，可以申请恢复执行。

三、经验教训

本案案情虽然简单，但是给 A 石油公司造成了巨额的损失，现 B 公司名下无可执行的财产，A 石油公司的油款无法执行到位，现已经终结执行程序，A 石油公司还在积极寻找 B 公司名下可执行的财产。因此，签订合同时一定要做好尽职调查，充分了解风险点，业务部门要严格履行合同货款结算等的约定，财务部门要进行真实业务记账，各部门之间形成闭环管理，尽量化解风险，将损失降到最低。

（一）在签订合同前做好对相关公司的尽职调查

A 石油公司在并未了解 B 公司的真实经营情况下签订了大额的柴油购销合同，并且如约向其提供了柴油，但是 B 公司已经无力偿还欠款。

因此，在签订合同之前一定要做好尽职调查，应该对相关公司的资信情况、履约情况及信誉情况做全面的调查，或以资产抵押为前提再行签订合同，从而规避资金风险，如对方公司信誉不佳可以要求其提供履约担保，以此避免出现本案目前执行不能的困境。

（二）形成科学有效的合同及财务管理环境，及时追踪合同履行情况

A 石油公司在与 B 公司签订完合同之后，并未及时追踪合同履行情况，也未及时了解 B 公司的履约能力，继续赊购，给其提供柴油。所以要形成科学有效的合同管理闭环，签订合同后要及时追踪合同的履行情况，了解合同相对方的履约情况，判断其是否具有继续履行合同的能力，如发现其履约能力有问题，应及时向对方行使不安抗辩权，让其提供担保或者说明情况，再决定是否继续履行合同；同理，要形成科学有效的财务管理环境，在签订合同之后，财务部门要清楚合同的权利义务条款，每一笔款项的进出要有明确的依据，当应收账款达到一定数额时，要启动相应的措施，与其他部门联系，反映相关情况，从而能及时发现风险，化解风险，不能出现类似本案的巨额赊购事件。

案例七

A 诉 B 石油公司《加油站资产租赁合同》纠纷案件

一、基本案情

（一）案件事实经过

2006 年 10 月 20 日，A 和 B 石油公司、案外人 C 签订《加油站资产租赁合同》，约定 B 石油公司租赁某加油站，租期 10 年，A 协助 B 石油公司将加油站合法经营的手续变更至 B 石油公司名下，租赁期限到期后 B 石油公司将加油站相关证照变更到 A 名下，租赁期满后 B 石油公司不再继续租赁加油站时应在 30 日内将加油站归还给 A。B 石油公司已经按照合同约定将租赁费支付给了 A，A 将加油站相关证照及加油站所在地的不动产相关证照移交给了 B 石油公司，B 石油公司出具了收条。租赁期间 B 石油公司并未实际经营加油站，加油站的危化证年检至 2015 年到期，之后未进行年检，其他证件未进行年检。租赁期满后，B 石油公司已将加油站不动产相关证照返还给 A，但未将加油站返还给 A，也未将其他证照返还给 A，还未进行变更登记。

A 先后两次向法院提起诉讼，A 第一次向法院起诉要求 B 石油公司归还加油站和加油站相关证照并将相关证照变更至 A 名下，还要求 B 石油公司赔偿 2016 年至 2019 年既得利益损失和 2020 年之后的可得利益损失。A 第二次向法院起诉要求 B 石油公司承担 2020 年至 2022 年的既得利益损失，并赔偿整体加油站资产。

（二）各方观点

1. 第一次诉讼中的各方观点。

A认为，在签订《加油站资产租赁合同》后，A已经按照合同约定将加油站交付B石油公司经营，但在租赁期间因B石油公司未进行年检等原因，导致加油站的相关证照过期，在租赁期限届满后，B石油公司也未按照合同约定将相关证照变更至A名下，也未归还加油站，因此B石油公司已经违约，应承担违约责任。

B石油公司认为，加油站不动产相关证照一直登记在A名下，合同未约定B石油公司将上述证照变更至A名下；案涉加油站是三级站，因城市道路规划等原因，案涉加油站的相关距离不符合三级站的要求，导致相关证照一直年检不通过，这是不可抗力，B石油公司无过错，不应承担违约责任。

双方争议的问题为B石油公司是否应承担违约责任。

一审法院认为，A和B石油公司签订的《加油站资产租赁合同》是合法有效的合同，A已经按照合同约定将加油站交付给B石油公司经营，B石油公司未按照合同约定归还加油站，因未进行定期年检导致加油站不能正常经营，B石油公司的行为构成违约。因加油站相关证照已经过期，无法再进行审验，因此A要求B石油公司过户相关证照的要求不予支持。2016年至2019年的既得利益损失，经过鉴定机构确认了数额，予以支持，2020年后的可得利益损失另行主张。二审法院观点与一审法院一致。

2. 第二次诉讼中各方观点。

A认为，因B石油公司无法将加油站证照变更至A名下，也无法返还给A，导致加油站无法正常经营，也因为B石油公司对相关证照未年检等行为，导致加油站荒废，此举相当于B石油公司未返还加油站，并且B石油公司只承担了2016年至2019年的损失，并未承担2020年后的损失。

B石油公司认为，租赁加油站相关证照违反了法律强制性规定，属无效内容，无法将相关证照变更至 A 名下，若 A 想继续经营加油站，应该重新向有关部门申请相关证照，而不是由 B 石油公司变更；A 无法继续经营加油站是因为政策原因对案涉加油站的所在区域进行了相应的道路等调整。B 石油公司不存在违约，且可得利益损失是在合同签订时可预见或应当预见不履行合同可能造成的损失，在双方签订合同时，A 主张的损失是不可预见的。

一审法院认为，A 提起的可得利益损失是针对扩大损失的请求，A 应在第一次诉讼后积极采取措施减少损失，但未提供证据充分证明其主张，应承担举证不能的不利后果。A 主张 B 石油公司未返还加油站，亦未能提供充分的证据证明，应承担举证不能的不利后果。

二审法院认为，本案的实质是加油站因缺少必备条件，不符合行政管理规范，不能重新办理审批手续而引发的纠纷，并不是 B 石油公司履约问题引起纠纷。A 已实际占有加油站的资产，并已获得巨额赔偿，应积极采取措施满足重新办理加油站相关证照手续的各项条件，防止损失扩大，但 A 并未采取补救措施，防止损失扩大。

（三）案件审理情况

第一次诉讼中，一审法院判决 B 石油公司返还加油站并赔偿 2016 年至 2019 年的既得利益损失。二审法院维持了一审判决。

第二次诉讼中，一审法院驳回了 A 的诉讼请求，二审法院维持了一审判决。

二、案例评析

（一）本案第一次诉讼的争议焦点为 A 要求将加油站的证照变更至 A 名下并返还是否有法律依据，租赁期满后 B 石油公司是否将加油站返还给 A，A 要求 B 石油公司赔偿损失是否有法律依据

1. A 要求将加油站的证照变更至 A 名下并返还相关证照是否有法律

依据。

双方签订合同后，A按约将加油站的整体资产，包括各种证照交付给了B石油公司，但相关证照因B石油公司未进行年检或因政策原因无法进行审验。加油站的相关证照是行政审批事项，B石油公司返还加油站后，A应重新办理相关证照，而不是要求B石油公司变更相关证照至A名下并要求B石油公司返还，B石油公司并不负责办理加油站相关证照审批事项。

2.租赁期满后B石油公司是否将加油站返还给A。

B石油公司和A、案外人C签订《加油站资产租赁合同》，该合同是合法有效的合同，合同签订方都应按照合同约定全面履行合同义务。加油站的租赁期为10年，租赁期满B石油公司应将加油站返还给A。

3.A要求B石油公司赔偿损失是否有法律依据。

因B石油公司未对加油站的相关证照进行及时年检，导致加油站无法正常经营，B石油公司的行为已构成违约，应承担违约责任。依据《中华人民共和国民法典》第五百七十七条"当事人一方不履行合同义务或者履行合同义务不符合约定的，应当承担继续履行、采取补救措施或者赔偿损失等违约责任"，第五百八十四条"当事人一方不履行合同义务或者履行合同义务不符合约定，造成对方损失的，损失赔偿额应当相当于因违约所造成的损失，包括履行合同后可以获得的利益；但是，不得超过违约一方订立合同时预见或者应当预见到的因违约可能造成的损失"的规定，A要求B石油公司赔偿损失有法律依据，但该损失不应超过B石油公司订立合同时预见或应当预见的因违约可能造成的损失。

（二）本案第二次诉讼中，双方的争议焦点为A要求B石油公司承担扩大损失是否有法律依据

依据《中华人民共和国民法典》第五百九十一条"当事人一方违约后，对方应当采取适当措施防止损失的扩大；没有采取适当的措施致

使损失扩大的，不得就扩大的损失请求赔偿"的规定，在 B 石油公司返还加油站后，A 应采取适当的措施防止损失的扩大，即采取相应措施满足加油站证照审批的各项条件，但 A 未能提供证据证明其采取适当措施防止损失的扩大，因此不得就扩大的损失要求 B 石油公司承担赔偿责任。

（三）律师点评

本案中，B 石油公司并未实际经营加油站 10 年，在确定不能正常经营加油站时，就已经确定本案的合同目的不能实现，就应及时与 A 进行沟通协商，但 B 石油公司直到合同期满，还未正式与 A 进行加油站交接手续，导致 B 石油公司出现违约的问题，应承担违约责任。

三、经验教训

B 石油公司在签订合同后，并未进行合同履约追踪，在已经出现合同目的不可实现的情况下，未及时与合同相对方进行协商解除合同，而是一直拖到合同期满。因此，在日常经营管理当中，一定要严格执行合同管理制度，及时追踪合同履约情况，出现问题，及时与相对方沟通协商，化解风险。

（一）规范合同管理流程

合同管理涉及多个环节，如合同的起草、审批、签订、履行和归档等。规范合同管理流程，明确各个环节的权限和责任，避免因流程不明确或操作不规范而导致的问题和纠纷。本案中，B 石油公司正是因为合同履行环节出现问题，从而导致法律纠纷。

（二）加强合同管理的监督与控制

通过合同管理，可以明确监督的职责和方式，加强对合同履行情况的监督和控制。有效的监督与控制可以及时发现问题和风险，采取相应的措施进行干预和解决，保护企业的利益。在本案中，B 石油公司在履约过程中，已经发现问题，但是一直未能及时进行解决。

（三）优化合同管理的效能和效果

通过规范流程和监督与控制，减少合同履行过程中的错误和瑕疵，及时采取补救措施，使合同目的能够更好地实现，维护企业的合法权益。

案例八

A 诉 B 石油公司、C 公司及 D、E、F 债权人代位权纠纷案件

一、基本案情

（一）案件事实经过

2017 年，B 石油公司与 C 公司签订四份施工合同，由 C 公司承包 B 石油公司甲、乙、丙三座油库及加油站安全隐患整改工程。D 作为上述工程项目负责人，将甲工程交由案外人施工，将乙工程分解自行安排人员施工一部分，另一部分由 F 施工。现工程已完成竣工验收且实际交付使用。

2019 年，某区法院生效判决 D 偿还 A 借款本金 122 万元及利息，E 承担连带保证责任。该判决执行中，D 称 B 石油公司拖欠其工程款 191 万元，并将相关施工证据交给 A。

2023 年，A 将 B 石油公司列为被告，将 C 公司、D、E、F 列为第三人，向法院提起债权人代位权诉讼，要求 B 石油公司代为支付欠款 191 万元。F 在该案诉讼中提出独立诉讼请求，要求确认 B 石油公司尚欠 C 公司到期债权中的 1056932 元为其所有。

（二）各方观点

A 认为，某区法院生效判决已确认其对 D、E 享有合法到期债权，其对 B 石油公司提起债权人代位权诉讼主体适格，诉请未超债权范围。相关施工证据能证实 D、E 为 B 石油公司发包工程的实际施工人，根据《最高人民法院关于审理建设工程施工合同纠纷案件适用法律问题的解释（一）》第四十三条有权以实际施工人身份要求 B 石油公司在欠付工

程款范围内承担责任，案涉工程的审计报告确认B石油公司欠付工程款，故D、E对B石油公司具有合法、到期债权。民间借贷案的执行裁定书证实D、E怠于行使到期债权损害了A到期债权的实现，A诉求符合民法典第五百三十三条规定，应予支持。案涉项目分开施工、单独审定、分开结算，F主张的欠付工程款与本案无直接关系，系建设工程施工合同纠纷，不能与本案代位权纠纷合并审理，应另诉。

B石油公司认为，其与C公司签订施工合同，根据合同相对性原则C公司才是实际债权人，C公司合法分包劳务，D不是法律规定实际施工人，不能直接向B石油公司主张权利。B石油公司与D、E之间不存在任何合同关系，也不具有债权债务关系，A行使代位权要求B石油公司向其支付欠款，无事实和法律依据，F的主张与本案非同一法律关系，应另案主张。

C公司认为，D以我公司名义签订施工合同，承包B石油公司甲、乙两项工程项目后将工程分包，D是工程挂靠人和违法分包人，但其未实际施工，不属实际施工人；乙工程由B石油公司指定分包给F施工，由D和F分开报审，F施工部分工程款审结额为1056932元。

E认为，其借用C公司资质，全程负责工程，是案涉工程实际施工人，也是第一债务人。

D未到庭诉讼发表意见。

F认为，乙工程项目有一部分是其实际施工，其已与B石油公司结算确认工程款为1056932元，故这部分债权不属于D，A行使代位权中不应包含其所有的该部分债权。

一审法院审理认为，A对D、E的债权经生效判决确定，履行期限已届满，该债权合法有效且已到期。本案关键是确定次债权即D、E是否为案涉工程项目实际施工人且对B石油公司享有到期工程款债权而怠于行使。基于C公司庭审自认与D系挂靠关系，结合施工合同、劳务合同、告知函等证据及 F 认可 D 是实际施工人，可认可 D、E 是实际施工人。F 诉求成立与否直接影响次债权数额认定，应与本案合并审理。B 石油公司与 C 公司均认可 F 实际施工人身份，且明确从未向其支付过工程款。B 石油公司甲、乙两项工程已付款 445 万元，C 公司收到 650 万元（含丙工程和加油站），结合审定金额 643 万元，施工合同"以外围审定额下浮 3.1% 后金额最终结算"之约定，最终决算金额应为 623 万元。案涉项目尚欠工程款为 178 万元，扣除 F 工程款 102 万余元（下浮 3.1%），剩余为欠付 D 的工程款 76 万元，即为次债权额。

二审法院审理认为，施工补充协议约定增加工程内容不按投标文件费率下浮，F 施工部分以审计定审作为依据。施工全过程均由 D、E 负责完成，可以认定 D、E 系实际施工人。B 石油公司在丙工程和加油站工程中存在超付工程款，D、E 认可超付款应从甲、乙两项工程中扣款，应一并结算四项工程的工程款。经核算，四项工程未付工程款的审定总价为 801 万元，已付款 656 万元，尚欠工程款为 145 万元。C 公司在原审未提出 B 石油公司向其支付安装及电器部分工程的工程款 48 万的独立请求，无权提起上诉。

（三）案件审理经过

一审法院判决：B 石油公司给付 A 76 万元，给付义务履行完后 A 对 D、E 及 D、E 对 B 石油公司的债权债务关系消灭；B 石油公司给付 F 工程款 102 万元及利息。

二审法院判决变更原审判决为：B 石油公司给付 A 人民币 395445 元；A 公司给付 F 工程款 1056932 元及利息。

二、案件评析

本案总结争议焦点为：B 石油公司是否欠付 D、E 工程款；A 关于 B 石油公司代位向其支付欠款 191 万元的诉讼请求能否成立；F 关于 B 石油公司应向其支付欠付工程款 1056932 万元的诉讼请求能否与本案合并审理，如能则其请求是否成立。

（一）B 石油公司是否欠付 D、E 工程款

我国民法典、建筑法、建设工程质量管理条例等法律、行政法规中均未对实际施工人进行界定，因此严格来说"实际施工人"并非专业的法律术语。在《最高人民法院新建设工程施工合同司法解释（一）理解与适用》一书中，最高人民法院民一庭认为："实际施工人一般是指无效合同的承包人、转承包人、违法分包合同的承包人、没有资质借用有资质的建筑施工企业的名义与他人签订建筑工程施工合同的承包人。通俗地讲，实际施工人就是在上述违法情形中实际完成了施工义务的单位或者个人。建设工程层层多手转包的，实际施工人一般指最终投入资金、人工、材料、机械设备实际进行施工的施工人。"

《最高人民法院关于审理建设工程施工合同纠纷案件适用法律问题的解释（一）》第四十三条第二款规定，实际施工人以发包人为被告主张权利的，人民法院应当追加转包人或者违法分包人为本案第三人，在查明发包人欠付转包人或者违法分包人建设工程价款的数额后，判决发包人在欠付建设工程价款范围内对实际施工人承担责任。

本案证据已证实 D、E 实际施工了甲、乙的部分工程，是案涉工程的实际施工人的身份，C 公司仅是签订施工合同的名义承包人而已。核算之后，四项工程应付工程款的审定总价为 801 万元，B 石油公司已付款 656 万元，尚欠工程款为 145 万元。依照上述规定，B 石油公司作为发包人在欠付工程价款的范围内应对实际施工人 D、E 承担责任。故 B 石油公司是欠付 D、E 工程款的。

（二）F 关于 B 石油公司应向其支付欠付工程款 1056932 万元的诉讼请求能否与本案合并审理，如能则其请求是否成立

F 实际施工了部分乙工程，如第（一）点所述，F 是乙工程的实际

施工人，B石油公司在欠付工程价款的范围内应对实际施工人F承担责任。

B石油公司与C公司签订四项工程的施工合同，与C公司整体结算付款。B石油公司在丙工程和加油站工程中超付部分工程款，D、E认可超付款应从甲、乙两项工程中扣款，而B石油公司欠付F工程款的情况将直接影响次债权数额认定，故应合并审理。

工程审定结果显示F完成工程的应付工程款为1056932元，虽施工合同约定"以外围审定额下浮3.1%后金额最终结算"，但施工补充协议约定增加工程内容不按投标文件费率下浮，F施工部分以审计定审作为依据。故B石油公司应向F支付工程款1056932元。

（三）A关于B石油公司代位向其支付欠款191万元的诉讼请求能否成立

民法典第五百三十五条规定，因债务人怠于行使其债权或者与该债权有关的从权利，影响债权人的到期债权实现的，债权人可以向人民法院请求以自己的名义代位行使债务人对相对人的权利，但是该权利专属于债务人自身的除外；代位权的行使范围以债权人的到期债权为限；债权人行使代位权的必要费用，由债务人负担；相对人对债务人的抗辩，可以向债权人主张。民法典第五百三十七条规定，人民法院认定代位权成立的，由债务人的相对人向债权人履行义务，债权人接受履行后，债权人与债务人、债务人与相对人之间相应的权利义务终止。

A对D、E的借款债权本金191万元经生效判决确定，履行期限已届满，该债权合法有效且已到期，故A是D、E的债权人。A因D、E不履行生效判决而向法院申请强制执行，可以看出D、E存在怠于履行到期债务的情况。D、E在B石油公司欠付工程款的情况下，未通过有效方式主张工程款债权，存在怠于行使其债权的行为并且影响了债权人A到期债权的实现，故A可以代为对B石油公司提起债权人代位权诉讼。

案涉四项工程应付工程款的审定总价为 801 万元，B 石油公司已付款 656 万元，尚欠工程款为 145 万元，含有 F 的工程款 1056932 元，故 B 石油公司欠付 D、E 工程款为 395445 元。

A 代为请求只能限定在 D、E 债权范围内，故 B 石油公司代位向 A 支付金额为 395445 元。

（四）律师点评

本案中，A 依据民法典第五百三十五条对 B 石油公司提起债权人代位权诉讼，A 作为 D、E 的债权人有生效判决作为依据，重点在于 D、E 对 B 石油公司的债权认定。而 D、E 与 B 石油公司之间是实际施工人突破施工合同相对性对发包人 B 石油公司直接主张工程款的建设工程施工纠纷，导致本案代位权诉讼审理的难点实际上是建设工程施工纠纷中实际施工人身份的认定、工程款结算支付情况的认定。诉讼中 F 有对 B 石油公司支付工程款的独立请求。因此，本案实质为三起案件的综合：一为 A 对 B 石油公司的代位权纠纷案，二为 D、E 对 B 石油公司的工程款纠纷案；三为 F 对 B 石油公司的工程款纠纷案。

本案是典型的"案中案"，一环套一环，案情十分复杂，但两级法院面对如此错综复杂的"案中案"，梳理各方之间法律关系，抓住重点、难点、关键点，抽丝剥茧、分部分项、思路条理清晰，依法查明案件事实并作出正确认定，最终通过判决平息了各方之间的纠纷。

三、经验教训

本案中，B 石油公司在原审未全面陈述案件事实和全面举证，按照 A 诉讼思路应诉仅提供两项工程的付款结算，二审才陈述和举证实际为四项施工工程，导致原审未能全面认定案件事实，对 B 石油公司实际欠款数额作出错误认定，如二审未采信新证据，维持一审判决结果，B 石油公司将多付 34 万元工程款。如 B 石油公司在原审即全面陈述和举证明确四项工程实际工程款总额、已付和欠付工程款数额，或许案件经原审审理就能止息纷争，二审诉讼可得避免。

C 公司在原审未提出 B 石油公司向其支付工程款请求，于二审提出导致法院直接不予审理。F 在代位权诉讼中提出应付工程款诉求，法院决定合并审理并判定支持其诉求，节约了另诉的时间、诉讼成本，避免了更多不利风险。

从本案中应吸取的经验和教训是，在诉讼时应全面客观陈述案情、全面举证，充分把握和行使诉讼权利。对于工程项目应做好工程施工管理，对各项发包工程应分别建档，财务分项记账，单独结算，保存各项工程的施工相关材料、付款记录。同时，加强对承包人依施工合同约定履行工程施工义务的监督，掌握工程分包、违法分包、挂靠、实际施工人的情况，工程完工后应及时完成竣工验收且结算付清工程款，避免诉讼担责。

案例九

A 公司、B 公司分别诉 C 石油公司买卖合同纠纷案件和不当得利纠纷案件

一、基本案情

（一）案件事实经过

2019 年 4 月 23 日，C 石油公司与 D 公司签订《大宗商品采购合同》，向 P 公司采购轮胎等货物，标的金额暂定 500 万元。5 月 21 日，双方将采购合同约定标的物计算方式由"采取先货后款，实销实结，每月结算"变更为"采取现货后款，每月结算"。双方于 5 月 24 日完成第一次交易，C 石油公司先行支付 271 万元货款，D 公司收款后陆续交付第一批货物完毕。6 月 5 日，双方将采购合同约定标的金额由"暂定500 万元"变更为"暂定 1000 万元"。C 石油公司又与 D 公司约定了第二次交易，于 7 月 8 日支付 D 公司货款 496.77 万元，但 D 公司未向 C 石油公司交付货物。经 C 石油公司与 D 公司实际控制人 E 协商，E 同意退还 C 石油公司 500 万元货款及违约金。E 向 F 借款 500 万元，F 在 A 公司拥有 100% 股权，在 B 公司拥有 90% 股权。A 公司和 B 公司分别于8 月 29 日、8 月 30 日向 C 石油公司以银行转账方式汇入 250 万元，汇款备注"往来款"。

2020 年 5 月 13 日，A 公司、B 公司分别向 C 石油公司邮寄催告函，因 C 石油公司未履行合同义务交付煤炭，要求 C 石油公司分别向 A公司、B 公司返还 250 万元煤炭款。C 石油公司以该两笔款项系替 D 公司退还采购轮胎的货款为由拒绝返还。后 A 公司、B 公司分别起诉 C 石

油公司索要各自的 250 万元。

（二）各方观点

1. 第一次诉讼各方观点。

2020 年 7 月，A 公司、B 公司起诉 C 石油公司，要求解除双方煤炭买卖合同关系，返还 500 万元货款。

A 公司、B 公司认为，A 公司、B 公司与 C 石油公司之间是煤炭买卖合同法律关系，交付款项为货款，A 公司、B 公司已支付 500 万元货款给 C 石油公司，但未收到 C 石油公司交付的货物，故 C 石油公司应当返还货款。

C 石油公司认为，其与 D 公司签订大宗商品采购合同及变更合同，向 D 公司支付货款 496.77 万元，因 D 公司未交付货物也未退款，C 石油公司与 D 公司实际控制人 E 协商，退还 500 万元轮胎货款及违约金。后来 E 通过 F 指示 A 公司、B 公司分别向 C 石油公司退还 250 万元共计 500 万元，故该款项属于代偿款。C 石油公司与 A 公司、B 公司之间不存在煤炭买卖合同关系，C 石油公司、D 公司与 A 公司、B 公司之间存在债务转移的法律关系。

双方之间的争议问题为 A 公司、B 公司支付给 C 石油公司的款项是否属于偿还 D 公司退还的货款及违约金。

法院认为，A 公司、B 公司与 C 石油公司未签订书面合同，A 公司、B 公司所举证据无法证明与 C 石油公司缔约订立煤炭买卖合同的过程，无法证明双方关于煤炭价格、数量、供货方式、违约责任等主要合同条款约定内容，故对 A 公司、B 公司的主张不予认可。同时，法院认为 C 石油公司举证证据亦不能证实 C 石油公司、D 公司与 A 公司、B 公司之间存在债务转移的合意。2022 年 6 月，法院作出一审判决，驳回 A 公司、B 公司对 C 石油公司的诉讼请求。各方均未提出上诉，该判决生效。

2. 第二次诉讼中的各方观点。

2022 年 11 月，A 公司、B 公司以不当得利为由再次起诉 C 石油公司，要求返还 500 万元。

A 公司、B 公司认为，第一次诉讼的生效判决未认可 A 公司、B 公司与 C 石油公司之间不存在买卖合同法律关系，C 石油公司收取 A 公司、B 公司已支付 500 万元构成不当得利，应予以返还。

C 石油公司观点与第一次诉讼的观点基本一致，并认为 C 石油公司收款不符合不当得利的四个要件，在第一次诉讼中法院并没有认定 C 石油公司收款构成不当得利。

双方争议的问题为 C 石油公司的收款是否构成不当得利。

一审法院认为，根据第一次诉讼的生效判决书可以认定：A 公司、B 公司与 C 石油公司之间不是买卖合同关系，C 石油公司虽抗辩称收取的款项是 A 公司、B 公司替 D 公司退还货款及违约金，但提供的证据不足以证明三方存在债务的转移，且 A 公司、B 公司不予认可，故认为 C 石油公司收取 A 公司、B 公司 500 万元款项既无事实依据又无法律根据，进而判决 C 石油公司构成不当得利，应予返还 A 公司、B 公司 500 万元及利息。C 石油公司不服该一审判决提出上诉。

二审法院认为，不当得利是指没有合法根据，取得不当利益，造成他人损失，应当将取得的不当利益返还受损失人。不当得利作为一种独立的法律制度，具有严格的构成要件及适用范围，不能作为当事人在其他具体民事法律关系中缺少证据时的请求权基础。本案中，A 公司、B 公司主动给付 C 石油公司 500 万元，具有明确的给付行为，其主张 C 石油公司返还不当得利款项系属给付型不当得利，应由 A 公司、B 公司对给付型不当得利的构成要件承担举证责任。A 公司、B 公司在买卖合同纠纷案件及不当得利纠纷案件中均主张涉案 500 万元款项系货款，A 公司、B 公司虽以不当得利为由提起本案诉讼，但在诉讼过程中，始终主张双方之间系买卖合同法律关系，所依据的事实和提供的证据材料与买卖合同纠纷案件亦无明显不同。A 公司、B 公司若对买卖合同一案裁判结果有异议，应当选择正确的救济方式，而非以不当得利为由提起不当得利纠纷案件诉讼。

再审法院认为，A 公司、B 公司应对其给付 C 石油公司 500 万元主张系不当得利款项承担举证责任，A 公司、B 公司在两案中均主张双方之间系买卖合同法律关系，款项系货款，应对第一次诉讼的生效判决结果申请再审，而不应以不当得利为由再次起诉。

（三）案件审理情况

第一次诉讼中，一审法院判决驳回 A 公司、B 公司的诉讼请求，双方均未提起上诉。第二次诉讼中，一审法院认为 C 石油公司收取货款属于不当得利，应返还该货款；二审法院撤销一审判决，驳回 A 公司、B 公司的诉讼请求；再审法院维持二审判决。

二、案例评析

（一）案件争议分析

A 公司、B 公司两次就同一事实、同一证据、以不同案由起诉 C 石油公司，要求返还款项，争议焦点均为 C 石油公司应否返还 A 公司、B 公司 500 万元款项并支付利息。

依据《最高人民法院关于适用〈中华人民共和国民事诉讼法〉的解释》第九十条"当事人对自己提出的诉讼请求所依据的事实或者反驳对方诉讼请求所依据的事实，应当提供证据加以证明，但法律另有规定的除外。在作出判决前，当事人未能提供证据或者证据不足以证明其事实主张的，由负有举证证明责任的当事人承担不利的后果"的规定，A 公司、B 公司主张买卖合同关系，但所举证据不能证明双方之间不存在买卖合同关系，应承担举证不利的后果。

A公司、B公司在第一次买卖合同纠纷案件中，被驳回诉讼请求之后，在此基础上有另诉不当得利。依据《中华人民共和国民法典》第九百五十条"得利人没有法律根据取得不当利益的，受损失的人可以请求得利人返还取得的利益，但是有下列情形之一的除外：（一）为履行道德义务进行的给付；（二）债务到期之前的清偿；（三）明知无给付义务而进行的债务清偿"的规定，A公司、B公司主张不当得利所提供的证据与之前诉讼买卖合同纠纷案件中的证据一致，A公司、B公司无法证明C石油公司收取款项为不当得利。

所以，A公司、B公司主张C石油公司返还相关款项，无事实和法律依据，但需注意的是，C石油公司虽经两次诉讼平安度过风险，但其就取得款项阐述原因经过看似正当合理，实无完整证据证实，法院对其款项系代偿款主张亦未采信。

（二）律师点评

诉讼证据为王，应当重视证据的重要性和完整性，在诉讼中尽可能以完整证据链条证实观点、事实，让法院可以放心采纳认定。

要重视诉讼策略选择，诉讼不是儿戏，不是选这个不行就选那个，现行司法主流观点认为：不当得利不应成为其他诉讼败诉后的救济途径。因此，在诉前就应正确分析认定诉讼主体之间的法律关系，确定请求权基础，选择最适合的诉讼策略。

三、经验教训

本案从内部管理上，存在被认定为"走单"和"融资性贸易"的合规风险。

关于融资性贸易的具体界定标准，国务院国资委网上答复："融资性贸易业务是以贸易业务为名，实为出借资金、无商业实质的违规业务。其表现形式多样，具有一定的隐蔽性，主要特征有：一是虚构贸易背景，或人为增加交易环节；二是上游供应商和下游客户均为同一实际控制人控制，或上下游之间存在特定利益关系；三是贸易标的由对方实质控制；四是直接提供资金或通过结算票据、办理保理、增信支持等方式变相提供资金。"对于"融资性贸易""走单""空转"等虚假业务问题，国务院国资委三令五申，采取"零容忍"的态度。因此，在日常经营管理中，应严格遵守财经纪律和财务管理制度，强化合规管控，加强对企业权力集中、资金密集、资源富集、资产聚集部门和岗位的监督。

案例十

A 石油公司诉 B、第三人 C 《资产转让合同》纠纷案件

一、基本案情

（一）案件事实经过

D 修理部是属于 A 石油公司的表外公司，现已注销，C 为 D 修理部的经营者。2008 年 5 月 8 日，D 修理部与 E 加油站签订买卖合同，约定将 E 加油站的产权转让给 D 修理部，E 加油站不限于将国有土地使用权证、房屋所有权证等相关权属证明变更至 D 修理部名下。D 修理部将全部转让款支付给了 E 加油站。E 加油站已注销，法定代表人和投资人为 B。2019 年 4 月 3 日，D 修理部与 A 石油公司签订《资产转让合同》，将 E 加油站转让给了 A 石油公司，现 E 加油站的房屋所有权已办理过户，但未办理国有土地使用权的变更手续。

A 石油公司起诉 E 加油站的法定代表人 B，将 D 修理部的经营者列为第三人，要求将案涉国有土地变更至 A 石油公司名下。

（二）各方观点

A 石油公司认为，两份合同均合法有效，A 石油公司作为 E 加油站名下土地的实际所有权人和实际控制使用人，有权在 E 加油站注销情况下要求其原法定代表人 B 协助办理该宗土地的产权过户手续。

B 认为，E 加油站资产是出售给 D 修理部，不清楚 D 修理部与 A 石油公司是何种关系，B 与 A 石油公司之间不存在任何法律关系。

C 认为，其对 D 修理部属于 A 石油公司的表外公司不予认可，D 修

理部是独立法人，企业性质为个体经营，所有 D 修理部工人的工资均是 D 修理部发放的，与 A 石油公司无关。

法院认为，D 修理部与 E 加油站签订的《买卖合同》、A 石油公司与 D 修理部签订的《资产转让合同》均是双方当事人的真实意思标准，内容不违反法律、行政法规的强制性规定，故为有效合同，各方均应依合同约定全面履行各自义务，A 石油公司的诉讼主张不违反法律的规定。

（三）案件审理情况

法院判决支持了 A 石油公司的诉讼请求。

二、案例评析

（一）本案争议焦点分析

法院以合同纠纷审理本案，案件涉及土地、房屋等资产的两次流转，E 加油站将国有土地使用权转让给 D 修理部，D 修理部在未取得国有土地使用权的情况下，基于其与 A 石油公司的关系，又将 E 加油站的土地使用权转让给 A 石油公司。

依据《最高人民法院关于适用〈中华人民共和国民法典〉时间效力的若干规定》第一条第二款"民法典施行前的法律事实引起的民事纠纷案件，适用当时的法律、司法解释的规定，但是法律、司法解释另有规定的除外"的规定，本案适用民法典施行前的法律规定。

《中华人民共和国合同法》第四十四条规定，"依法成立的合同，自成立时生效。"D 修理部与 E 加油站的《买卖合同》和 D 修理部与 A 石油公司签订的《资产转让合同》，都是依法成立的合同，是合法有效的合同。

依据《中华人民共和国合同法》第六十条"当事人应当按照约定全面履行自己的义务。当事人应当遵循诚实信用原则，根据合同的性质、目的和交易习惯履行通知、协助保密等义务"的规定，案涉两份合同均是合法有效的合同，合同各方应当全面履行自己的义务，现 D 修理部、E 加油站已经注销登记，A 石油公司起诉要求 E 加油站的法定代表人 B 协助办理变更国有土地使用权手续有事实和法律依据。

（二）律师点评

本案表面上是合同纠纷案件，但实际不是合同纠纷，A 石油公司与 E 加油站或 B 之间是不存在合同关系的。A 石油公司起诉 E 加油站的法定代表人 B，诉讼思路应立足于 A 石油公司通过从 D 修理部处受让 E 加油站的房屋及土地，是未过户土地的实际控制权、使用权人及实际所有权人，B 作为 E 加油站的法定代表人在该加油站尚有资产和合同义务未处理的情况下注销加油站，应承担 E 加油站的义务。本案涉及土地、房屋等资产的两次流转，因合同签订主体在产权办理过户前已注销，导致诉讼主体的确定产生难度，不仅增加了合同主体与被诉主体之间关系证明难度，还增加了多次诉讼的成本，所以在涉及土地、房产交易中，应明晰产权，尽快办理受让资产的权属证明。

三、经验教训

本案实际经历几次诉讼波折，最后才定分止争。在本案件中，D 修理部时任法定代表人 C 庭审表态称"诉讼非本人意愿"，严重影响了纠纷的解决进程。在诉讼策略上，第二次诉讼的关键在于证明 D 修理部是 A 石油公司的表外公司，存在举证证明力度不够的风险。因此，在争议处理过程中，对于法律上具有独立诉讼权利的人员且可能存在涉及其个人利益冲突问题时，应提前采取风险管控措施，最大程度避免人为增加的干扰因素。同时，在纠纷案件处理中，对于调解措施是否能有效率解决争议需充分评析，判断对方是否存在利用程序性诉讼权利拖延案件的行为，并作出是否同意调解的决定。

案例十一

A 石油公司诉 B 公司、C 退还 "土地款" 纠纷案件

一、基本案情

（一）案件事实经过

2013 年 3 月，A 石油公司与 B 公司签订《土地出让协议书》，约定 B 公司将其位于某处总面积不小于 6.1 亩、开口不小于 88 米的土地使用权及地上建筑物整体转让给 A 石油公司，转让价款分三次付清。2014 年 1 月双方签订《合同书补充协议》，约定建设工程规划许可证必须在 2014 年 1 月 25 日前办理完毕并移交 A 石油公司，逾期未完成则合同终止。如合同终止，B 公司已取得的 200 万元款项须在终止之日起 30 日内全数返还 A 石油公司，每逾期一日，按同期贷款利率向 A 石油公司支付利息。2014 年 10 月，双方达成 "谈判纪要"，终止合同，B 公司保证一次性退还 A 石油公司已交付的 200 万元。2015 年 10 月，因 B 公司不能一次性退款，双方达成《分期退款协议》，约定 2015 年 12 月底前退还 20 万元，2016 年 12 月底前退还 50 万元，2017 年 12 月底前全部还清；如 B 公司未按约退款，每逾期一日按银行同期贷款利率向 A 石油公司支付违约金；C 作为保证人，对上述 B 公司的还款承担连带保证责任。因 B 公司一直未履行约定退款义务，2017 年 11 月，A 石油公司提起诉讼，要求 B 公司退还转让款 200 万元及资金占用期间利息，C 承担连带保证责任。

（二）各方观点

A 石油公司认为，其与 B 公司签订的《土地转让协议书》系双方真实意思表示，且不违反法律、行政法规的禁止性规定，该协议合法有效，双方均应依照协议约定履行。A 石油公司已支付 B 公司土地转让款 200 万元，后双方经协商一致终止《土地转让协议书》，由 B 公司退还 A 石油公司已付土地款 200 万元。双方多次签订退款协议，B 公司未按约定退款，其行为构成违约，B 公司应予退款 A 石油公司 200 万元及利息。C 作为 B 公司债务的连带保证人，对 B 公司退款应承担连带保证责任。

B 公司认为，《土地转让协议书》签订时，该协议上无时任法定代表人的签字，公司公章当时由 C 进行保管，B 公司对本案所涉内容及前因后果一无所知，不同意退款。

C 认为，其为 B 公司股东，为办理加油站手续私下带公章与 A 石油公司签订协议，所有责任由其负责，与 B 公司无关。因 A 石油公司原因导致合同不能继续履行，是 A 石油公司违约在先。

双方的争议焦点为 B 公司是否存在违约行为。

法院认为，依法成立的合同应当受到法律保护，合同双方当事人应依据合同约定履行合同相关义务，本案中 A 石油公司和 B 公司双方依合同意愿变更合同约定不违反相关法律规定，后期买卖事实变化，双方仍然依据合同意愿变更权利义务，合同内容真实，各方权利义务内容明确，合同各方应当依照合同约定依法履行相关义务；A 石油公司已提供证据证明其诉讼主张；B 公司作为具有相关民事行为能力法人，公司法人变更不能影响 B 公司相关权利义务变更，B 公司应当知道公司公章管理等公司行为及违反合同约定的真实意义和法律后果，B 公司无证据证明其主张，应承担举证不力的相关后果；C 陈述私带公章与 A 石油公司签约，因 B 公司主体不对称，且没有相关证据予以证明，C 亦应承担举证不能的不利后果。

（三）案件审理情况

法院判决 B 公司退还 A 石油公司土地转让款 200 万元及资金占用期间利息 36 万元。判决生效后经过申请强制执行、终本执行程序、恢复执行程序，B 公司以四套房产抵顶执行案款，案件了结。

二、案例评析

（一）本案争议分析

本案是合同纠纷，争议焦点为 B 公司和 C 应否退还 A 石油公司已付土地转让款。双方签订协议后，一方按照约定已支付部分转让价款，因合同不能继续履行，双方达成土地转让终止协议，并达成退款协议。

依据《最高人民法院关于适用〈中华人民共和国民法典〉时间效力的若干规定》第一条第二款"民法典施行前的法律事实引起的民事纠纷案件，适用当时的法律、司法解释的规定，但是法律、司法解释另有规定的除外"的规定，本案适用民法典施行前的法律规定。

《中华人民共和国合同法》第四十四条"依法成立的合同，自成立时生效"，第六十条"当事人应当按照约定全面履行自己的义务。当事人应当遵循诚实信用原则，根据合同的性质、目的和交易习惯履行通知、协助保密等义务"，第一百零七条"当事人不履行合同义务或者履行合同义务不符合约定的，应当承担继续履行、采取补救措施或者赔偿损失等违约责任"的规定，A 石油公司和 B 公司之间签订的《土地转让协议书》和《退款协议》均为合法有效的合同，双方应按照合同约定履行合同义务，B 公司未按照退款协议的约定将款项退还给 A 石油公司，已经构成违约，应承担违约责任。

（二）律师点评

从案件事实角度分析，B 公司与 C 确实应连带退还 A 石油公司已付款项。从诉讼结果角度分析，A石油公司权益因判决和执行已维护。但从诉讼程序角度深析，判决书中载明A石油公司在诉中变更了诉请，将原诉请"要求B公司退还土地转让款及利息"变更为"B公司退还征地款及违约金"，但法院最终判决支持A石油公司原诉请而非判决支持A石油公司变更后的诉请。判决书既未载明A石油公司变更诉请之理由，又未记载法院是否行使释明权，根据法律规定"不告不理"原则及"诉审一致原则"（又称"诉判一致原则"），法院作出判项应是违反法定程序了。如果B公司以此为由提起上诉，案件可能存在被发回重审的风险。因此，应尽可能在诉前准确分析案情、确定诉请。

三、经验教训

在本案中，双方签订土地出让协议后，因多种原因导致协议不能继续履行，后通过签订补充协议、达成谈判纪要、签订退款协议等方式补缺了原土地出让协议应有的终止合同权利、退还转让款、退款时间等内容，说明原土地出让协议存在条款不明确及内容遗漏缺失等问题，双方在合同签订前未严格审查合同内容而盲目签订，存在内部合同管理不严的法律风险，若双方后续未及时签订补充协议、达成谈判纪要、签订退款协议，又或者对方不予配合、拒绝签订，将可能导致公司在诉讼中承受更大的诉讼难度与法律风险。因此，双方应加强对合同内容合法合规性、权利义务全面性、完整性的审查，提前预判、预测合同履行过程中可能出现的风险，并在合同条款予以明确约定，以提前进行风险规避。

案例十二

A 等四人再诉 B 石油公司
加油站租赁合同纠纷案件

一、基本案情

（一）案件事实经过

2005 年 3 月，B 石油公司分别与 A 等四人名下加油站签订加油站租赁合同，租赁加油站的全部资产及经营权，约定租期 10 年，租期届满后 B 石油公司应将所有证件过户至加油站名下。合同签订后，A 等四人将加油站房屋、设施设备等租赁标的物及加油站相关证照交付 B 石油公司。

2005 年 11 月，案涉加油站的相关证照因逾期未年检被吊销。2005年 11 月，案涉加油站更名为 B 石油公司名下加油站。2015 年租期届满后，A 等四人以 B 石油公司未按合同约定将加油站所有相关手续过户至其加油站名下且租赁资产毁损为由诉至法院，要求 B 石油公司赔付 A 等四人资产损失和因不能办理证照经营加油站的可得利益损失。一审二审均获得支持。

2019 年 11 月，A 等四人再次起诉 B 石油公司，要求 B 石油公司返还租赁标的物及已交付的原证件手续，赔偿因不返还原证照手续从而影响加油站达标升级后办理新照经营的损失。

（二）各方观点

A 等四人认为，A 等四人与 B 石油公司签订加油站租赁合同后，已将租赁标的物及相关证照手续全部交由 B 石油公司，经法院生效判决认定，双方签订的加油站租赁合同合法有效。根据租赁合同约定，B石油公司应予以返还其所占有的A等四人出租的标的物及相关证照。

B石油公司认为，返还原物请求以现实占有租赁物为前提，双方租赁期满后，B石油公司已撤离，并未实际占有租赁物，且证照因作废已由行政部门收回，故A等四人主张返还的相关证照已无返还的可能。A等四人要求的损失在第一次诉讼后，B石油公司依据法院的判决已实际赔付，该部分主张属于重复诉讼。

本案主要争议事项为B石油公司是否应该返还租赁标的物和已交付的原证件手续并赔偿相关损失。

一审法院认为，对于租赁标的物，因B石油公司已依据生效判决对A等四人进行实际赔付，合同双方权利义务终止，视为原告在租赁期满后已实际受领相应租赁资产，对于交付的原相关证照，因不具有返还可能性，且前诉判决已对不能将相关证件过户到加油站名下导致加油站无法继续经营造成可得利益损失进行了赔偿，故对A等四人返还其他证照手续的请求不予支持。

二审法院认同一审法院观点。

（三）案件审理情况

一审法院判决：驳回A等四人的全部诉讼请求。二审法院判决：维持一审法院判决，驳回A等四人的上诉请求。

二、案例评析

本案争议焦点为B石油公司应否向A等四人返还租赁标的物及相关证照并赔偿损失。

（一）B石油公司应否向A等四人返还租赁标的物及相关证照并赔偿损失

《中华人民共和国民法典》第七百一十四条规定，承租人应当妥善保管租赁物，因保管不善造成租赁物毁损、灭失的，应当承担损害赔偿责任；第七百三十三条规定，租赁期限届满，承租人应当返还租赁物，返还的租赁物应当符合按照约定或者根据租赁物的性质使用后的状态。

因 B 石油公司租赁 A 等四人加油站资产和经营权实际经营两年后便停止经营，按 A 等四人陈述"B 石油公司弃管"，可以明确 B 石油公司实际上早已未占有使用租赁标的物。租赁合同到期后，在 B 石油公司未占有使用租赁物的情况下，应视为 A 等四人作为出租人已经实际收回了租赁物，故 B 石油公司无需向 A 等四人返还租赁标的物。

A 等四人与 B 石油公司之间租赁合同纠纷已有法院生效判决，认定因相关证照已无法办理，B 石油公司违反了租赁合同约定，进而判定 B 石油公司赔偿 A 等四人租赁资产损毁损失及因证照不能过户导致无法继续经营造成的可得利益损失。而事实上，B 石油公司也已履行前诉判决所判定的赔偿义务，A 等四人已实际获得相应赔偿，现其四人再诉赔偿损失已无事实依据，故 B 石油公司不应向 A 等四人返还相关证照及赔偿损失。

（二）律师点评

本案是租赁合同纠纷，作为租赁合同的标的物，租赁物在租赁期限内存在并保持完好，使承租人能够正常使用、收益，实现自己订立租赁合同目的的条件，也是出租人在租赁期限届满能够依法收回租赁物的前提。因此，在租赁期限内不仅出租人负有租赁物的维修义务，占有租赁物的承租人亦负有保管租赁物的义务。基于 A 等四人与 B 石油公司之间租赁合同纠纷已有法院生效判决，故本案事实较为清晰，责任承担明确。A 等四人明知 B 石油公司已长期未实际占有使用租赁标的物，按约定，合同到期后租赁标的物使用权归回，其四人直接接管租赁标的物即可。其四人再诉返还租赁标的物等主张从事实与法律规定上均难以立足。法院判决租赁届满后视为 A 等四人已实际受领租赁标的物并无不当。B 石油公司因生效判决已赔偿其四人可得利益损失与资产毁损损失，辩称其四人再诉损失应属重复诉讼，就应对关于重复诉讼三个构成要件成立的理由详细举证说明，B 石油公司蜻蜓点水式的抗辩，未令法院支持其重复诉讼的抗辩主张。

三、经验教训

B 石油公司与 A 等四人签订十年期的租赁合同，在短暂实际使用租赁物后便未继续占有使用租赁物。从法律规定、权利行使的角度而言，案涉合同属于长期租赁合同，租赁期间如因故无须继续使用或不能继续使用租赁物，任何一方均可以行使合同解除权，或协商解除或诉讼解除。B 石油公司本可在无须使用租赁物时就立即与 A 等四人提前解除该十年期租赁合同，但 B 石油公司既不使用租赁物又不解除租赁合同，导致租赁资产多年未得到很好利用，且因多年未对租赁资产予以管理维护，导致租赁资产毁损，直到租期届满后 A 等四人对 B 石油公司提起诉讼。法院认定 B 石油公司存在弃置、弃管租赁物，导致租赁资产损失的行为，判决 B 石油公司赔付 A 等四人租赁资产损失。四起案件导致 B 石油公司赔付近千万元。合同明确约定到期后 B 石油公司将加油站相关证照重新过户至 A 等四人的加油站名下，但到期时相关证照已不能重新过户，导致法院认定 B 石油公司构成违约应赔偿 A 等四人可得利益损失。分析案因，B 石油公司存在以下方面的问题。

1. 合同审查不严谨、管理不规范、履行监管不到位。签订十年期租赁合同，未考虑长期合同履行过程中可能出现的不确定因素及不确定风险。长期租赁后，短期使用闲置租赁物，极大降低了租赁物的价值，十年期间未发生租赁费支付纠纷，原因可能为虽不使用租赁物但如期支付租金，或合同约定一次性付清且签订时已付。无论何种原因，于 B 石油公司而言，都存在损失和风险。合同签订前未严审内容，无多级审核查漏检查管理机制，未发现租赁物未使用或发现了不及时解除租赁合同，说明合同履行情况监管不到位。故应加强对合同内容的审查，强化对合同的管理，落实对合同履行情况的监管。

2. 法律意识不强，未及时止损，未及时行使解除权。对特殊行业证照办理政策和办理流程不熟悉、不了解。如上所述，如 B 石油公司在决定不使用租赁物时提出解除租赁合同，除了后续租金可以退还或不用交纳外，基于当时的政策也许能重新将加油站相关手续办理至 A 等四人名下加油站，可以避免其四人可得利益损失和资产损失赔偿。"法律不保护权利上的睡眠者"，故应增强有权意识、维权意识和行权意识，积极行使法律赋予的权利，及时关注和更新掌握自身所处行业法律、政策、当地规章制度的变化。

案例十三

A石油公司与B公司"合作建设加油加气站土地补偿"纠纷案件

一、基本案情

（一）案件事实经过

2012年10月24日，A石油公司与B公司签订《合作建设加油加气站土地补偿协议书》，约定双方合作开发一个加油加气站项目，并明确案涉土地面积为27亩左右，双方以共同参与招拍挂的方式取得土地使用权，土地出让金及相关费用各自承担，在取得土地使用权之后，双方各自建设自己的加油加气站，建成后各自运营。因B公司就案涉土地支付了土地补偿费、拆迁补偿费、征地管理费等费用，并承担了高额的资金占用费，A石油公司同意向B公司支付1700万元，作为补偿和对前期费用的负担。双方在合同中约定违约责任为违约方向守约方支付340万元的违约金并承担因违约造成的全部损失。2012年12月6日，A石油公司按约向B公司支付了1700万元。

B公司独自参与案涉土地的招拍挂，并于2013年1月先后缴纳了土地出让金1800万元左右。2013年3月29日，案涉土地的《国有土地使用权证》办理在了B公司名下。2014年1月2日取得了《建设用地规划许可证》，2016年9月14日取得了《建设工程规划许可证》，2016年12月16日取得了《建设工程消防设计审核意见书》等相关手续材料。

B公司根据《合作建设加油加气站土地补偿协议书》的约定开工建设加油加气站，但因附近居民的阻挠，工程至今未能完工。

2013 年 12 月 26 日，双方进行会谈，形成《会谈纪要》，约定 A 石油公司向 B 公司按照实际利用土地面积支付土地出让金 400 万元，并由 B 公司出具税票、承担税费；B 公司负责案涉土地的分割手续和取证办理工作，所产生的费用各自承担；建设加油加气站的相关手续由 B 公司负责办理，并尽快拿到该项目的立项批复文件；如遇政府或附近居民、第三方阻挠，由 B 公司负责协调处理，A 石油公司协助；双方同意成立临时工作组；确保 3 月 15 日前具备开工条件。但是直到 2022 年双方未能履行《会谈纪要》的相关约定，加油加气站仅建设了部分站房、围墙和地基，主体并未建设。

A 石油公司按照合同约定向仲裁委员会提起仲裁，要求解除与 B 公司之间签订的《合作建设加油加气站土地补偿协议书》和《会谈纪要》；要求 B 公司返还 A 石油公司已支付的 1700 万元，并赔偿资金占用费。

（二）各方观点

A 石油公司认为，双方分别于 2012 年、2013 年签订了《合作建设加油加气站土地补偿协议书》《会谈纪要》，A 石油公司已经按约向 B 公司支付了相关的款项，但 B 公司至今未将土地使用权分割变更至 A 石油公司名下，加油加气站也未能建立，相关批复文件也已经过期，B 公司已构成根本违约。

B 公司认为，双方在合同中约定各自建设各自运营加油加气站，A 石油公司按照比例承担相关的土地费用，现《国有土地使用权证》及其他相关证件已经取得，A 石油公司完全可以开工建设，分割土地办理相关证件等事务双方约定了共同办理，因此 B 公司不存在违约行为。

双方之间的争议事项主要是 B 公司是否存在违约行为。

仲裁庭认为，双方签订的《合作建设加油加气站土地补偿协议书》《会谈纪要》是合法有效的合同，对双方均具有法律约束力，A 石油公司已经履行了合同义务，但 B 公司迟迟未能将案涉土地进行分割办理相关证件，导致工程开工条件不充分，现已无法实现合同目的，B 公司的行为构成违约，应支付违约金。A 石油公司支付的前期费用有一部分用在建设部分围墙和地基工程上，因此 B 公司酌情返还 80% 的前期费用。

（三）案件审理情况

仲裁委员会裁决解除双方之间签订的《合作建设加油加气站土地补偿协议书》《会谈纪要》，B 公司返还 A 石油公司前期费用的 80%，即 1360 万元，并支付违约金 340 万元，驳回 A 石油公司其他仲裁请求。

二、案例评析

本案的争议焦点为双方签订的《合作建设加油加气站土地补偿协议书》《会谈纪要》是否符合解除的条件，B 公司是否应承担违约责任。

（一）双方签订的《合作建设加油加气站土地补偿协议书》《会谈纪要》是否符合解除的条件

A 石油公司和 B 公司签订的《合作建设加油加气站土地补偿协议书》《会谈纪要》是双方的真实意思表示，未违反法律、法规强制性规定，是合法有效的合同，双方应按照合同约定履行自己的合同义务。在《会谈纪要》中明确写明"3 月 15 日前具备开工条件"，该 3 月 15 日应为签订合同时的 2014 年 3 月 15 日，而具备开工条件就需要 B 公司按照约定完成案涉土地的分割手续和取证办理工作，但是 B 公司至今未履行此合同义务，已经构成违约。双方针对本案工程项目多次进行协商，但 B 公司除了建设部分围墙和地基之外，对于批复事项过期、附近居民阻挠等相关事项未能充分推进，现至合同签订已近 10 年时间，案涉工程已经无法完工，合同目的已经无法实现。因此，导致开工条件不充分、合同目的无法实现的违约责任应由 B 公司承担。

依据《中华人民共和国民法典》第五百六十三条 "有下列情形之一的，当事人可以解除合同：（一）因不可抗力致使不能实现合同目的；（二）在履行期限届满前，当事人一方明确表示或者以自己的行为表明不履行主要债务的；（三）当事人一方迟延履行主要债务，经催告后在合理期限内仍未履行的；（四）当事人一方迟延履行债务或者其他违约行为致使不能实现合同目的；（五）法律规定的其他情形" 的规定，因 B 公司的违约行为，已经无法实现合同目的，双方签订的《合作建设加油加气站土地补偿协议书》《会谈纪要》已经符合解除条件，A 石油公司有权要求解除《合作建设加油加气站土地补偿协议书》和《会谈纪要》。

（二）B 公司是否应承担违约责任

B 公司未按照双方约定履行合同义务，依据《中华人民共和国民法典》第五百七十七条 "当事人一方不履行合同义务或者履行合同义务不符合约定的，应当承担继续履行、采取补救措施或者赔偿损失等违约责任" 的规定，B 公司应承担违约责任。

依据《中华人民共和国民法典》第五百八十五条 "当事人可以约定一方违约时应当根据违约情况向对方支付一定数额的违约金，也可以约定因违约产生的损失赔偿额的计算方法。约定的违约金低于损失的，人民法院或仲裁机构可以根据当事人的请求予以增加；约定的违约金过分高于造成的损失的，人民法院或者仲裁机构可以根据当事人的请求予以适当减少" 的规定，双方在合同中约定了违约金数额，因此，A 石油公司可以要求 B 公司按照合同约定数额支付违约金。但在本案中，A 石油公司还要求 B 公司赔偿资金占用期间的利息，对于该损失，因法律未规定可以既要求违约金又要求利息，所以仲裁委员会以无法律依据为由，未支持资金占用期间的利息。

（三）律师点评

本案自签订合同到解除合同，中间经过了近十年时间，在这期间双方经过了多次协商，均未能实现合同目的，显然与 B 公司未能积极推进工程项目的行为有关。双方已经在合同中约定相关工程具备开工条件的日期，在 B 公司未能按照该时间履行合同义务的时候，就可以确定 B 公司已经违约，甚至在相关批复文件过期的时候，就可以确定 B 公司已经根本违约，合同目的无法实现。A 石油公司在 B 公司开始出现违约行为的时候，就应该对该项目进行充分的论证，决定案涉合同是否继续履行，及时采取措施，维护自身的合法权益。

三、经验教训

本案中 A 石油公司按照合同约定将前期费用 1700 万元支付给了 B 公司，但 B 公司迟迟未能履行合同，案涉工程只建了部分围墙和地基，双方之间合作建设加油加气站的合同目的已经无法实现，A 石油公司未能及时采取措施维护自身合法权益。

（一）对于重大项目要进行多方论证，不仅要论证合同双方的情况，还要论证社会风险等第三方风险

本案案涉建设工程开工的审批手续等已经完备，但至今未能建设完工，很大原因是因为附近居民的阻挠，即存在未对该项目进行充分的社会风险评估。因此，在启动重大项目之前，一定要进行多方论证，对签订合同的相对方进行充分的尽职调查，调查清楚其履约资质、履约能力、履约信誉等情况，以免出现无法履约或者履约不符合约定的情形；加油站是个特殊行业，在城市里建设加油站等项目往往会遭到周围居民的强烈反对，不利于社会稳定和企业运营，因此在涉及此类项目时一定要做好社会稳定风险评估，不仅要论证签订合同相对方的情况，还要论证社会风险等第三方风险。

（二）积极追踪合同履行情况，及时采取措施维护自身权益

在本案中，B 公司未按照约定在 2014 年 3 月 15 日前具备开工条件的时候，B 公司就已经违约，B 公司此后还迟迟未能将相关土地使用权进行分割，并向 A 石油公司办理相关证照，直到案涉项目的批复文件过期，B 公司已经根本违约，合同目的无法实现，但 A 石油公司直到 2022 年才向仲裁委员会要求解除双方的合同，并要求 B 公司承担违约责任，最终拿到仲裁裁决书的时间为 2024 年 6 月 11 日，即签订合同到解除合同的时间已经过了 11 年之久，显然 A 石油公司未能采取积极措施，及时维护自身的合法权益。

因此，在签订合同之后，一定要积极跟踪合同履行情况，一旦发现违约情况，要积极与对方沟通，保证合同目的能够实现，或者发现漏洞，积极采取措施，防止损失扩大；在确定合同目的无法实现的情况下，要积极与对方协商或拿起法律的武器，及时维护自身的合法权益。

案例十四

A 石油公司与 B 公司
"加油站点转让协议"纠纷案件

一、基本案情

（一）案件事实经过

2012 年，C 公司与政府签订《土地预出让合同》，2013 年 5 月 7 日，A 石油公司为抢占先机，在与 C 公司达成意向的情况下，A 石油公司代 C 公司向国土资源局支付了土地预出让金。

2013 年 9 月 8 日，A 石油公司和 B 公司签订了《加油站点转让协议书》，约定 A 石油公司购买某加油站点。

2014 年，应环保局要求，附近煤场拆迁，煤炭线迁移，运煤车辆消失，该加油站失去收购价值，A 石油公司至今未履行合同，相关土地手续也未办理，其他运营手续也缺失，该站建成后一直未投运，导致 195 万元土地预出让金挂账时间近 9 年之久。

（二）《加油站点转让协议书》处理情况

2022 年 9 月 23 日，按照上级公司建议，以及法律顾问单位的《法律意见书》，A 石油公司向 B 公司公证送达了《关于解除合同的通知》。

2023 年 4 月 13 日，法律顾问单位出具了《法律风险评估报告》，指出依据民法典第五百六十三条、五百六十五条规定，向 B 公司送达的解除合同通知已经生效，双方《加油站点转让协议书》已经解除。至此，A 石油公司通过多方努力，避免了出现对方办理证照手续后要求己方履行协议支付收购款的被动局面，从而引发法律纠纷案件，支付大额履约金、违约金及资金利息的风险。

二、案例评析

（一）合同自通知送达之时就以解除

本案最核心的问题是双方签订的《加油站点转让协议书》是否具备解除条件。

《中华人民共和国民法典》第五百六十三条规定，"有下列情形之一的，当事人可以解除合同：（一）因不可抗力致使不能实现合同目的；（二）在履行期限届满前，当事人一方明确表示或者以自己的行为表明不履行主要债务的；（三）当事人一方迟延履行主要债务或者有其他违约行为致使不能实现合同目的；（四）当事人一方迟延履行债务或者有其他违约行为致使不能实现合同目的；（五）法律规定的其他情形。以持续履行的债务为内容的不定期合同，当事人可以随时解除合同，但是应当在合理期限之前通知对方。"

A石油公司和B公司签订合同之后，B公司并未办理相关证照，且合同目的已经不能实现，因此按照法律规定，双方签订的《加油站点转让协议书》具备解除条件，A石油公司有权行使解除合同的权利。

《中华人民共和国民法典》第五百六十五条规定"当事人一方依法主张解除合同的，应当通知对方。合同自通知到达对方时解除……对方对解除合同有异议的，任何一方当事人均可以请求人民法院或者仲裁机构确认解除行为的效力"，A石油公司已经公证送达解除通知，合同自通知送达B公司之时就已经解除。

（二）律师点评

本案中，A石油公司做好了前期调查工作，在确认合同目的不能实现的情况下，听取上级公司建议，又委托专业法律机构出具《法律意见书》，及时向B公司送达《关于解除合同的通知》，妥善化解了可能会引发的法律纠纷，解决了历史遗留问题，防止了损失扩大化。

三、经验教训

A石油公司和B公司签订合同时，案涉加油站存在建站手续不合规、不完善，土地使用权手续不完善等情况，但A石油公司为了抢占先机与B公司签订《加油站点转让协议书》，虽解除了该合同，但是因该加油站点代C公司预付了土地出让金。因此，要提高合法合规意识，勇于暴露问题，推动查缺补漏，完善提升企业运营管理。

（一）专项问题治理要与依法合规治企有机融合

坚持依法合规治企是重大战略任务，也是一项系统工程。专项问题治理是依法合规治企的重要工作内容之一，要坚持问题导向，以发现问题、解决问题为切入点和着力点，围绕制约法治企业建设的突出问题，聚焦企业管理中的薄弱环节，抓住主要矛盾和矛盾的主要方面，查摆、整改、完善、提升一体推进，持续固根基、补短板、强弱项，通过深入开展治理，切实增强依法合规治企的针对性、实效性。对于能够当下改的问题，要明确时限要求，按期整改到位，对于当下整改有困难的，要盯住不放，明确阶段目标，持续推进整改。在深挖细剖问题根源的基础上，研究建立规范管控、堵塞漏洞的制度机制，提升依法合规治企水平。

（二）专项问题治理要与主题教育活动有机融合

开展主题教育活动，要与专项问题治理有机融合，通过主题教育增强治理实效，通过专项治理放大教育成果。一是通过开展专项问题治理，层层压实责任，从坚决纠治干部员工"等靠望拖"思想抓起，切实树立合规管理从高层做起的大局意识、合规管理创造价值的经营意识，改变"上热下冷""上紧下松"的状况，统一思想、密切协作，共同推动专项问题治理取得预期效果，推动依法合规理念入脑入心、融入行动。二是正确看待专项问题治理工作，积极主动查摆问题短板，深刻反思差距不足，拿出"自亮家丑"的担当和"自我革命"的勇气，本着对干部员工负责、对企业发展负责的态度，勇于暴露问题、敢于揭短亮丑，真实反映企业管理水平，推动查缺补漏、完善提升。三是强化投资、运营、人事劳动薪酬、监督等各项管理，建立管理提升长效机制，以管理的最大确定性有效应对环境变化的高度不确定性。

案例十五

A、B、C 诉 D 石油公司加油站租赁合同纠纷案件

一、基本案情

（一）案件事实经过

2006 年 3 月 11 日，D 石油公司与 E 加油站业主签订《加油站租赁合同》，租期为 15 年，租金 2 万 / 年，合同到期日为 2021 年 3 月 10 日。2006 年 11 月 18 日，双方签订《补充协议》，约定经出租方同意，承租方可对加油站进行改造、扩建并承担相关费用；合同解除或终止之后，对于改造、扩建的设施设备由承租方无偿转让给出租方，合同解除或合同期满后承租方不能履行变更经营手续等约定责任，应当一次性付给出租方转让费不少于 24 万元，或按原有标准继续无条件租赁加油站。

2006 年 3 月 11 日，D 石油公司与 F 加油站业主签订《加油站资产租赁合同》，租期为 15 年，租金 2.2 万 / 年，合同到期日为 2021 年 3 月 10 日。2007 年 3 月 13 日，双方签订了《补充协议》，协议约定出租方同意承租方改造和日后重建，但租赁合同解除或终止时承租方负责移动、拆除等工作，恢复原状建设，且保证新建加油站能够正常营业；如果承租方不能按时恢复加油站原状建设，则须将加油站重建费用一次性补偿给出租方，并给予出租方延期补偿费。租赁合同解除或终止时，若接管加油站时不能正常营业，承租方需以租赁合同约定的年租金的两倍为每年赔偿最低限额，按年或按日平均额累积数付给出租方违约赔偿

金，直至恢复加油站正常营业之日为止。

上述两座加油站位置仅一墙之隔，D 石油公司为了经营两座加油站，于 2006 年将两座加油站改造为一座加油站，将 E 加油站的站房用作营业室、F 加油站的站房用作配电室等，并将两座加油站之间的墙及罩棚推倒新建了罩棚及罐区，罩棚及罐区占了两家业主的土地，E 加油站土地占的较多。因改造后的加油站一直处于亏损状态，2019 年 4 月，该加油站关停。

两座加油站合并为一座加油站后，经营手续只有一套，E 加油站有成品油零售许可证，F 加油站有营业执照和危险化学品经营许可证，其他证照未办理注销手续，属于自动注销。因两座加油站均无土地证，无法按照原加油站现状重新建设，加油站缺失证照也无法办理，无法恢复原状。

（二）案件诉讼及调解情况

租赁期满时，E 加油站的业主已经去世，其继承人 A、B、C 于 2021 年起诉 D 石油公司，要求 D 石油公司对原加油站恢复原状、恢复加油站证照，并承担诉讼费用、公告费、鉴定费等费用。但因法院审限到期，A、B、C 三人撤诉，于 2022 年 4 月重新起诉，诉讼请求未变，法院定于 5 月 17 日进行鉴定机构选择及证据质证。

D 石油公司委托代理人依据授权及认可的调解方案和原告达成调解协议。该案于 2022 年 9 月 30 日在受理法院主持下双方达成调解，按照调解协议约定，D 石油公司于 2023 年 12 月向对方支付赔偿金额 415 万元，案件受理费 2 万元由 D 石油公司承担。

二、案例评析

本案是由于 D 石油公司在 E、F 两座站加油站租赁经营过程中，将两座加油站合并为一座加油站，导致加油站脱检，证照失效，租赁期满无法恢复加油站证照所引起的纠纷。D 石油公司的过错在于弃管、放任，致使加油站无法正常经营，无法按合同约定按期归还加油站。很显然，由于 D 石油公司的行为，导致涉案租赁资产在租赁合同到期后无法正常经营。

（一）案件转为调解解决的关键在于诉讼请求无法实现

本案中，租赁合同期限届满，承租人返还租赁物并恢复原状是承租人的主要合同义务。但 D 石油公司已不可能就 E 加油站予以恢复原状及恢复加油站证照，只能以现状返还，E 加油站业主请求恢复原状的诉讼请求事实上已经无法实现。人民法院在查明 D 石油公司已不能恢复原状的事实后，向 E 加油站业主释明变更诉讼请求，变更为赔偿损失，若 E 加油站业主不变更诉讼请求，人民法院可能判决驳回其诉讼请求。因此，E 加油站的业主也接受了调解。

（二）将损失降到最低数额

1. 由于该站所在地由镇变为村，站前道路经市政重新规划后车流量骤减，年销量不足 300 吨，D 石油公司不考虑续租。两座加油站因没有土地证且土地性质为非国有土地，达不到收购标准，D 石油公司也不考虑收购。

2. 为了避免 F 加油站另行起诉，对两座加油站同时进行赔偿，本着赔偿损失最小化原则，将现存的加油站按现状返还给具备经营手续的 F 加油站业主（包含 E 加油站土地及地上资产无偿给予 F 加油站业主），证照手续按照协议约定由 D 石油公司负责办理变更并承担所需费用。

3. 将现存加油站返还给 F 加油站业主之后，E 加油站的业主诉讼请求变更为赔偿损失，D 石油公司从赔偿范围、赔偿标准、赔偿数额等方面积极协商，最后确定了赔偿数额，尽可能地将损失数额降到了最低，通过调解也节省了鉴定费等相关费用。

（三）律师点评

本案是因 D 石油公司将两座租赁的加油站合并为一座加油站，导致租赁期满时无法向原业主返还加油站引起的纠纷，因此本案涉及的是三方，即 D 石油公司、E 加油站、F 加油站，加油站的经营手续只有一套，要是坚持通过诉讼解决，那么很可能会出现分别向 E 加油站、F 加油站进行赔偿的结果，但是通过调解，将加油站返还给有较多经营手续的 F 加油站，并协助办理变更手续，化解了 F 加油站起诉 D 石油公司要求赔偿损失的风险。后又与 E 加油站进行协商调解，向其赔偿加油站的损失，并将损失数额降到了最低，既节省了诉讼成本，又解决了租赁合同引起的纠纷。因此，解决法律纠纷的途径并不是只有诉讼，也可以与对方进行协商调解。

三、经验教训

本案中，D 石油公司于 2019 年 4 月就已经关停案涉加油站，但是直到 2021 年加油站业主提起诉讼，D 石油公司才开始解决加油站的返还问题。显然在履行案涉租赁合同过程中，D 石油公司并未进行多角度论证，未做好调查工作，未及时采取补救措施。

（一）合同谈判中做好调查工作

案涉加油站所在的位置由镇变为村，站前道路重新进行了规划，显然影响了 D 石油公司继续经营加油站，但双方未对遇到类似情势变更的情况进行约定。因此，在前期谈判时，就要对项目做好调查，需查明涉及不动产等资产的权属及相关证照的办理情况（如土地、房产等证照是否齐全），查明资产的实际所有人、资产是否有抵押、冻结等第三人可主张的权利，并对因政策等原因导致改变租赁物现状的情况作出明确的约定。

（二）重视合同审查和风险评估，核实合同约定的义务是否可以履行

D 石油公司租赁两座加油站后，在履行过程中对两座加油站进行合并，显然忽略了租赁期满后返还加油站的义务，而且两座租赁加油站均无土地证，导致租赁期满后，无法按照合同约定重新建设加油站，也无法办理加油站缺失证照，无法恢复原状。事实显然与合同约定事项不符，D 石油公司虽与业主签订合同，但因条款约定无法实现而处于被动，进而导致后续大额赔款。因此，在签订合同、履行合同时，务必做好调查和论证，法律审核要切实起到把关作用。

（三）提高经营管理人员法治意识和法律素养，提高经营管理能力，对重大经营项目要形成闭环考核

在本案中，D 石油公司在未取得两座加油站业主的同意下，将两座加油站合并为一座加油站，又在 2019 年关停加油站，未积极与加油站业主协商解决租赁合同后续事宜，显然是因为经营管理人员在日常的经营管理工作当中缺乏法律意识，未能及时化解风险。合规经营是大型国有企业经营管理的前提，一次决策不当，可能会导致经营成果付之东流，造成不好的社会影响，损害企业形象。因此，企业经营涉及重大决策要层层把关，将审查工作落到实处，通过建立严格的责任考核和追究机制，形成"管业务必须管合规；谁负责，谁担责"的责任制约机制。作为企业的决策者和领导者，经营管理人员要具备一定的法制意识和法律素养，才能引领企业持续良性发展。

案例十六

A 石油公司诉 B 公司、C 债权
转让合同纠纷案件

一、基本案情

（一）案件事实经过

2014 年 5 月，C、F、D 公司和 G 公司四方签订了《加油站、加气站工程项目协议》，通过该协议，C 受让了 D 公司所置换的建站土地和手续。G 公司对该协议受让的资产不享有所有权，并出具声明该资产实际受让人为 C。

2015 年 4 月，C 与 B 公司签订了《加油加气站转让协议书》，约定根据某市政府统一规划，C 所属某加油加气站拆迁，由政府另行置换土地批准新建一座加油加气站，C 同意将新置换土地新建加油加气站整体转让给 B 公司，转让价款为 700 万元。

2019 年 3 月，某法院作出判决，认定 C 向 A 石油公司给付购油款 600 余万元，违约金 30 余万元。后 C 与 A 石油公司达成执行和解协议，但 C 至今未履行还款义务。

2022 年 9 月，C 与 A 石油公司签订了《债权转让协议》，C 将上述 700 万元转让价款债权中的 300 万元转让给 A 石油公司，并将该债权转让的事实通知债务人 B 公司。A 石油公司多次与 B 公司沟通，B 公司拒绝付款。A 石油公司将 B 公司列为被告、C 列为第三人诉至法院，请求 B 公司向其支付 300 万元转让款并承担 60 万元违约金。

（二）各方观点

A 石油公司认为，根据《加油站、加气站工程项目协议》及《加油加气站转让协议书》内容及落款处的签名、捺印和相应公章，可证明 C 对案涉加油加气站项目享有相关权利。根据《债权转让协议》，A 石油公司依法取得相关债权，是本案的适格主体，其主张权利于法有据。

B 公司认为，《加油加气站转让协议书》签订时 C 为 D 公司法定代表人，其依法可以代表 D 公司行使权利履行义务，且按照当时的成品油市场管理办法，C 个人无权作为加油加气站的受让主体，因此不属于本案转让协议的适格主体，A 石油公司与 C 个人之间签订的债权转让协议不应突破《加油加气站转让协议书》中有关主体的相对性；此外，依据《加油加气站转让协议书》约定，最后剩余 300 万元转让款待其他运营手续办理完毕、该站正常运行后，一并结算。目前加油加气站手续仍未办理完毕，没有投入运营，各方也未结算，B 公司付款条件并未成就，A 石油公司无权据此主张债权。

C 认为，《加油加气站转让协议书》的签订主体为其本人、F 及 E 铁路某段（E 铁路某段系 B 公司前身），该协议受让方处只有 C 的签名、捺印，没有 D 公司的盖章，C 通过该协议受让了案涉建站土地和手续。后 C 与 A 石油公司签订《债权转让协议》，将 300 万元债权再次确认转让给 A 石油公司，并以公证的方式通知了 B 公司。

本案主要争议事项为案涉债权是否为 C 合法有效的到期债权。

一审法院认为，《加油加气站转让协议书》三方签订主体应为：甲方 D 公司，乙方 E 铁路某段，丙方 F。《债权转让协议》是 A 石油公司与 C 个人之间的协议，该协议的约定不应突破《加油加气站转让协议书》的相对性，故 A 石油公司并未取得 D 公司在《加油加气站转让协议书》中的权利。

二审法院认为，签订《加油加气站转让协议书》的甲方主体应为

C，虽然该协议书抬头甲方处为 D 公司，但该公司后面括号里标注为 C，该协议书落款甲方处由 C 个人签字，没有 D 公司盖章，C 依据该协议取得的债权为合法有效债权。根据该协议书内容可知，双方对于案涉债权的给付条件做了明确约定，而本案实际情况是案涉加油站还未建成、运营，且 C 和 B 公司双方还未进行结算，故案涉债权给付条件尚未成就，不属于到期债权，本案现有证据无法证明 A 石油公司主张。

（三）案件审理情况

一审法院判决，驳回 A 石油公司的诉讼请求。二审法院判决，驳回 A 石油公司的上诉请求，维持一审法院判决。

二、案例评析

本案争议焦点为：A 石油公司请求 B 公司向其支付 300 万转让款并承担 60 万违约金是否具有事实及法律依据。

（一）案涉债权是否为 C 的有效合法债权

人民法院对民事合同主体的审查，不能仅仅依据载明的签字人，特别是当签字人具有多重身份时，还需结合合同内容、履行情况等判断。合同文本载明的合同主体与落款载明的主体不一致时，应综合考察合同签订的背景、合同约定的权利义务内容，以及对方当事人对权利外观的认知等情况，确定合同的各方当事人。本案《加油加气站转让协议书》抬头甲方处虽为 D 公司，但该公司后面括号里明确标注为 C，协议书落款甲方处仅 C 个人签字、无 D 公司盖章，由此可见，C 个人是签订合同的主体，而非其所属的 D 公司，基于此，C 个人依法取得有效债权。

（二）案涉债权是否为到期债权

依据《中华人民共和国民法典》第五百四十五条规定，债权人可以将债权的全部或者部分转让给第三人；第五百四十六条规定，债权人转让债权，未通知债务人的，该转让对债务人不发生效力，债权转让的通知不得撤销，但是经受让人同意的除外。可知，本案中，A 石油公司受让 C 债权合法有效，因各方当事人对债权的给付条件做了明确约定，依照约定，案涉债权给付条件尚未成就，不属于到期债权。

（三）律师点评

在本案中，最需证明的是《加油加气站转让协议书》签订主体为 C 个人。

自然人、法人进行民事活动有两种方式，一是亲自实施某种民事法律行为，二是通过代理人实施某种民事法律行为。通过代理人实施民事法律行为，就会涉及民法中的代理。法律规定代理人在代理权限内，以被代理人的名义实施民事法律行为。被代理人对代理人的代理行为，承担民事责任。无论是从合同内容，还是当事人意思表示来看，本案显然不属于代理行为，也就意味着即使 C 签订协议时具有双重身份，也不影响其是以个人身份签订协议的主体认定，因为其既不具有代理行为，又没有代理意思表示。

三、经验教训

签订合同是构建和维护商业关系的关键环节，它确保了参与各方的权益得到明确，为交易双方厘清权利与责任，从而保障了商业交易的稳定性和可执行性，最终有利于各方的利益实现。公司应通过以下方面规避签约可能存在的风险。

（一）签约前充分了解、查验交易方的经营状况

在签订合同前，查验对方营业执照、工商登记，核对公司的性质、经营范围、注册资金及法定代表人等基本信息。也可通过税务系统、裁判文书系统了解交易方的纳税情况、涉诉情况、信誉状况等。

（二）签约时认真审查、确认交易方签字人的身份及授权

公司在与交易方签署协议时，应要求其提供身份证明、授权委托证

明等有权签订协议的证明文件，以确定签字人的身份，明确签约主体资格和签约对象，尤其是对存在双重乃至三重身份的签约人，更要对其签约身份进行查明，避免造成因签约方主体不明影响合同履行，甚至影响合同效力，对公司造成财产损失。

（三）严格管理公章的使用，要求交易方在合同中同时签字、盖章

合同经过双方签字、盖章是合同生效的必备条件。通常公司法定代表人的签名或盖章只要具备其一，合同便具有法律效力。但实践中可能存在对印章管理不严，导致印章丢失、被盗用、被滥用的情况，因此要加强对公司自身印章的管理，不可轻易向他人出具盖有印章的空白合同、介绍信，或者将印章借与他人使用而不问其具体用途。在签订合同时，要求交易方在合同中同时盖章和签字，对其加盖公章与公司名称章一致性进行审查，并可通过预留印鉴、拍照留痕、保留相关证据、合同备案等方式，防范交易方违规使用印章。

案例十七

A 诉 B、C 石油公司返还原物纠纷案件

一、基本案情

（一）案件事实经过

2005 年 4 月，A 以其名下加油站之名与 C 石油公司签订加油站资产租赁合同，将加油站的部分资产和经营权出租给 C 石油公司，租期十年。租期届满后，A 起诉 C 石油公司赔偿资产损失和不能继续经营的可得利益损失，法院判决支持。后 A 再次起诉 C 石油公司，要求其返还租赁标的物，法院认为 C 石油公司履行了判决所确定的赔偿义务，租赁合同双方的权利义务终止，故视为租期届满后 A 已实际受领相应租赁资产。

A 在受领加油站房屋等财产时遭到 B 的阻止，故 A 将 B 列为被告、C 石油公司列为第三人诉至法院，要求 B 腾退加油站房屋。

（二）各方观点

A 认为，生效法院判决分析说明加油站的房屋等资产应当由其受领，B 在 A 受领时非法占有使用 A 的房屋，拒不腾退，严重影响了 A 的财产效能，造成其经济损失。

B 认为，其先给 A 看护房屋，后从 2006 年开始给 C 石油公司看护房屋，C 石油公司一直未向其支付劳动报酬，不能离开。

C 石油公司认为，A 诉讼请求与 C 石油公司无关，法院生效判决已经令 C 石油公司赔偿，且确认租赁资产已由 A 实际受领。C 石油公司未占有加油站房屋，对于 B 何时占有使用房屋不清楚，B 行为与 C 石油公

司无关。

一审法院认为，C石油公司在租期届满后对A的损失已经赔付完毕，租赁合同的权利义务终止，视为A在租期届满后已实际首领了相应租赁资产，本案与C石油公司无关。A没有加油站房屋的相关房屋登记证明或其他权属证明，不能提供证明是房屋的实际所有者，对其诉讼请求所依据的事实承担举证不能的责任。

二审法院认为，A应先举证证明其系案涉房屋的合法权利人，A主张房屋是其经营加油站时建造，但未提供建设相关规划审批手续，主张对房屋享有所有权和使用权，但未提供房屋经过不动产登记部门确权或颁发相应的不动产权证书。A提供的证据不足以证明其是案涉房屋的合法权利人。

（三）案件审理情况

法院判决：驳回A的诉讼请求。二审法院判决：驳回A的上诉，维持原判。

二、案例评析

本案是返还原物纠纷，争议焦点为A要求B向其返还加油站房屋的诉讼请求有无事实和法律依据。

（一）A要求B向其返还加油站房屋的诉讼请求有无事实和法律依据

《中华人民共和国民法典》第二百零九条规定，不动产物权的设立、变更、转让和消灭，经依法登记，发生效力；未经登记，不发生效力，但是法律另有规定的除外；第二百四十条规定，所有权人对自己的不动产或者动产，依法享有占有、使用、收益和处分的权利；第二百三十五条规定，无权占有不动产或者动产的，权利人可以请求返还原物；第二百三十六条规定，妨害物权或者可能妨害物权的，权利人可以请求排除妨害或者消除危险；第二百三十七条规定，造成不动产或者动产毁损的，权利人可以依法请求修理、重作、更换或者恢复原状；第二百三十八条规定，侵害物权，造成权利人损害的，权利人可以依法请求损害赔偿，也可以依法请求承担其他民事责任。《民事诉讼法》第六十七条规定，当事人对自己提出的主张，有责任提供证据；第六十八条规定，当事人对自己提出的主张应当及时提供证据。

《最高人民法院关于适用〈中华人民共和国民事诉讼法〉的解释》第九十条规定，当事人对自己提出的诉讼请求所依据的事实或者反驳对方诉讼请求所依据的事实，应当提供证据加以证明，但法律另有规定的除外，在作出判决前，当事人未能提供证据或者证据不足以证明其事实主张的，由负有举证证明责任的当事人承担不利的后果；第九十一条规定，人民法院应当依照下列原则确定举证证明责任的承担，但法律另有规定的除外：（一）主张法律关系存在的当事人，应当对产生该法律关系的基本事实承担举证证明责任。

返还原物请求权指物权人对于无权占有标的物之人的请求返还该物的权利。所有权人在其所有物被他人非法占有时，可以要求非法占有人返还原物，或请求法院责令非法占有人返还原物。本案中，A主张B向其腾退返还加油站房屋，应先举证证实A为加油站房屋的所有权人。A在一审和二审中，始终不能提供其是加油站房屋所有权人的证据包括不动产权登记证书、建造该房屋的审批手续等，依照上述法律规定，不能证实A是加油站房屋的物权人，故其要求腾退返还加油站房屋的请求权基础不存在。故A要求B向其返还加油站房屋的诉讼请求无事实和法律依据，法院判决驳回正确。

（二）律师点评

本案案情简单，A主张B返还加油站房屋，A负有举证证实其为案涉加油站房屋的合法物权人的义务，进而证实其具有要求B腾退返还房屋的请求权基础。A 对此不能举证，法院依法不能支持 A 的请求。

三、经验教训

C 石油公司不是本案返还原物纠纷的被告，因与案件事实具有一定关联而被列为第三人，从诉讼的角度而言，A 的起诉主体没有问题。但通过对造成 A 败诉结果的原因分析，A 无法提供包括加油站房屋建造规划审批手续及产权证书等能够证明自己是加油站房屋的物权人的证据，存在举证不能且承担了举证不能的法律后果。

在 A 无法提供加油站房屋相关权属证明的情况下，B 石油公司与 A 签订加油站租赁合同，租赁其名下加油站部分资产和经营权，从签订合同的角度来说，B 石油公司存在未认真审查 A 的出租人身份、是否有权出租的漏洞，这很容易导致签订的租赁合同无效，以及导致 B 石油公司无权占有使用所谓"租赁物"而被真正的权利人主张权益，从而造成经济损失。因此，公司在签订租赁合同前，一定要审查确认出租方对租赁标的物的权属和权利，要求出租方将对租赁物享有处分权利的证明文件提供给公司留存，以确保租赁合同合法有效、对租赁物的占有使用具有合法性、正当性。

在平时公司经营管理活动中，加强对各类合同签订的事前审查审核、事后履行情况追踪监管，与适当主体订立合同确保合同效力，保存合同及合同相关文件，以助于公司面临诉讼时，可以提供证据支持自己的主张，维护自身的合法权益，避免承担举证不能的风险和后果。

案例十八

A 石油公司诉 B 公司
"资产置换" 合同纠纷案件

一、基本案情

（一）案件事实经过

2014 年 4 月 28 日，A 石油公司与 B 公司签订《加油站资产置换协议》，约定 A 石油公司将 a 加油站的固定设施及资产转让给 B 公司，并交付土地及房产证书等相关权证；B 公司将 b 加油站转让给 A 石油公司，并在 2014 年底前将 b 加油站各类建设及经营所需手续办理齐全并交付 A 石油公司。置换资产进行整体等价置换抵顶，双方互不找补。

2015 年 10 月底，双方对该置换协议办理公证。2019 年 2 月，法院生效判决认定该置换协议有效。因 B 公司未在约定期限履行该协议约定内容，2020 年，A 石油公司将 B 公司诉至法院，要求 B 公司继续履行合同，立即将 b 加油站包括土地证、用地规划许可证、成品油经营许可证等证照登记在 A 石油公司名下并交付 A 石油公司，保留另行向 B 公司追究加油站营业损失的权利。B 公司在本案中提出反诉，要求解除《加油站资产置换协议》，A 石油公司返还 b 加油站并支付因未及时缴纳土地出让金所产生的利息、违约金、土地出让佣金、停窝工损失等费用共计 450 万元。

（二）各方观点

A 石油公司认为，B 公司已将置换取得的 a 加油站地上建筑物拆除并使用该土地新建住宅销售，不具有将原物返还给 A 石油公司的可能，

B公司无权要求解除该置换协议，根据权利义务对等原则，B公司应履行该置换协议所约定合同义务，但B公司未履行，导致b加油站因手续不全不能正常营业，造成巨大经济损失，B公司构成违约，应承担继续履行、采取补救措施并赔偿损失等违约责任。

B公司认为，A石油公司在履行该置换协议过程中存在违约过错，b加油站占地问题已涉诉，如履行该置换协议，将进一步扩大双方损失。该置换协议性质是以物换物，不同于一般金钱给付债务合同，现阶段b加油站无法运营，该协议目的无法实现，故该置换协议存在事实和法律上履行不能的情况，应当予以解除，A石油公司隐瞒a加油站土地性质，拒付土地出让金，被法院判决，A石油公司的行为造成B公司损失应予以赔偿。

法院经审理认为，《加油站资产置换协议》是双方真实意思表示，不违反法律行政法规强制性规定，且经法院生效判决确认合法有效；基于该置换协议的明确约定，B公司应履行合同内容，将b加油站相关证照办理并交付A石油公司；如A石油公司确有证据证明营业损失系B公司造成，可另行起诉要求赔偿损失；B公司已实际使用了置换的a加油站土地，要求解除该置换协议的理由不成立。

（三）案件审理情况

法院作出判决：B公司将b加油站土地证、用地规划证、成品油经营许可证等各类建设及经营手续办理齐全，并交与A石油公司，限判决生效后6个月内履行完毕；驳回B公司的全部诉讼请求。

二、案例评析

本案是合同纠纷，争议焦点为：A石油公司与B公司签订的《加油站资产置换协议》是解除还是继续履行。

（一）A石油公司与B公司签订的《加油站资产置换协议》是解除
还是继续履行

《中华人民共和国民法典》第一百一十九条规定，依法成立的合
同，对当事人具有法律约束力；第五百零九条规定，当事人应当按照约
定全面履行自己的义务；第五百七十七条规定，当事人一方不履行合同
义务或者履行合同义务不符合约定的，应承担继续履行、采取补救措施
或者赔偿损失等违约责任。

本案中，A石油公司与B公司签订的《加油站资产置换协议》经平
等协商签订，且经法院生效判决认定该置换协议为有效。此外，B公司
根据该置换协议已经取得了A石油公司名下a加油站的土地，即便该置
换协议解除，B公司也无法将已拆除的a加油站地上建筑物原物返还给
A石油公司，根据上述法律规定，B公司应全面履行该置换协议约定的
义务。故B公司主张解除合同于法无据，该置换协议应继续履行。

（二）律师点评

本案A石油公司虽然通过诉讼取得了法院判决B公司"继续履行"
《加油站资产置换协议》的胜诉结果，判如所请，但如果B公司在履行
期限内不能履行该生效判决，A石油公司申请法院强制执行，基于审执
分离原则，"继续履行"判决在执行时可能会存在较大难度。就本案而
言，该"继续履行"判决由B公司办理各类权证，而权证是否能办理齐
全、何时能够办理完毕，均有赖于法律的规定及相关行政部门的要求，
非B公司自行可以完成事项，亦非B公司所能决定或掌控。通常执行法
官会按照生效判决内容执行，无权对判决内容进行解释，执行法官往往
对"继续履行"判项无所适从，严重影响执行效果，影响司法裁判权威
性。故本案胜诉判决，可能无法实现A石油公司的合同目的，无法实现
司法裁判的定纷止争功能。

三、经验教训

从 A 石油公司与 B 公司签订《加油站资产置换协议》所约定内容来看，协议内容过于简单，缺乏完整合同必备要素，如履行期限、地点和方式、违约责任、解决争议方法等。尤其对于 B 公司应履行的办理 b 加油站各类建设及经营权证并交付给 A 石油公司的这一义务，仅是打包罗列，缺乏详细的履约计划和步骤，以及出现履行不能时如何解决或替代方法。由此说明，双方在置换资产这一事项上考虑太过简单或理想化，完全忽略了资产置换过程中可能出现的风险，包括可执行性等。因此，A 石油公司在签订资产置换协议前，应对拟置换资产进行可行性研究论证、法律风险预判分析、操作步骤规划设计、价格评估等。正式签订协议前，应通过公司合法合规部门严格审核协议内容，筛减合同内容中存在的法律风险，规范合同管理，对协议所涉置换资产的性质、权属等进行实地调查，避免合同出现履行不能或者继续履行不具可操作性。

案例十九

A 石油公司诉 B 公司、C 公司债务转移合同及买卖合同纠纷案件

一、基本案情

（一）案件事实经过

2014 年 6 月至 9 月，A 石油公司为 B 公司供油 3788 吨，油款共计 3020 万元。截至 2016 年 10 月，B 公司尚欠 A 石油公司油款 1831 万元，故 A 石油公司、B 公司与 C 公司签订《油品结算协议》，约定 B 公司欠 A 石油公司油款中的 1500 万元由 C 公司偿还。后 B 公司向 A 石油公司支付了剩余 331 万元油款，但 C 公司未依该结算协议履行支付 1500 万元油款的义务。2018 年，A 石油公司诉至法院，要求解除与 B 公司、C 公司签订《油品结算协议》，B 公司向 A 石油公司支付油款 1500 万元。2023 年，A 石油公司再次起诉 C 公司，要求 C 公司履行《油品结算协议》约定，向其支付 1500 万元欠款。

（二）各方观点

A 石油公司认为，A 石油公司为全资国有公司，处置债权决定应经规定程序并作出会议讨论决定，A 石油公司与 B 公司、C 公司签订的《油品结算协议》签订程序不合法，且协议目的无法实现，该结算协议应予以解除。

B 公司认为，《油品结算协议》是三方平等协商一致签订，内容真实合法，该协议属于债务转移，债权人同意即产生法律效力，B 公司依照该协议支付了 331 万元，1500 万元应由 C 公司支付，A 石油公司内部

经营管理程序对外没有法律效力，非解除合同事由。

C公司认为，《油品结算协议》是B公司将债务转移给C公司，该协议真实有效，但C公司无力偿还欠款。

法院经审理认为，《油品结算协议》系三方真实意思表示且不违反法律规定，系有效协议，A石油公司要求解除该协议所称的规定程序不属于法律规定的效力性规定，对外不能产生A石油公司所主张的效力，该解除合同理由不能成立，所称"合同目的不能实现"无事实及法律依据。基于该协议，C公司作为B公司债务转移后的新债务人，应承担偿还责任。

（三）案件审理情况

A石油公司第一次诉讼，法院作出判决驳回"A石油公司要求解除与B公司、C公司签订《油品结算协议》，B公司向A石油公司支付油款1500万元"的诉讼请求。A石油公司第二次诉讼，法院判决C公司向A石油公司偿还油款1500万元。

二、案例评析

本案两次诉讼，争议焦点为：《油品结算协议》应否解除；A石油公司的油款由谁承担。

（一）《油品结算协议》应否解除

《中华人民共和国民法典》第一百一十九条规定，依法成立的合同，对当事人具有法律约束力。据此规定，在合同不存在无效情形、未被撤销、未违反公序良俗、违反法律行政法规强制性规定的情况下，合同是有效的。

《中华人民共和国民法典》第五百六十二条规定，当事人协商一致，可以解除合同，当事人可以约定一方解除合同的事由。解除合同的事由发生时，解除权人可以解除合同。民法典第五百六十三条规定，有下列情形之一的，当事人可以解除合同：（一）因不可抗力致使不能实现合同目的；（二）在履行期限届满前，当事人一方明确表示或者以自己的行为表明不履行主要债务；（三）当事人一方迟延履行主要债务，经催告后在合理期限内仍未履行；（四）当事人一方迟延履行债务或者有其他违约行为致使不能实现合同目的；（五）法律规定的其他情形。以持续履行的债务为内容的不定期合同，当事人可以随时解除合同，但是应当在合理期限之前通知对方。上述两条法律规定是对合同约定解除权与法定解除权的规定。本案中，A 石油公司称"该协议签订程序不符合公司规定"，主张协议签订违反程序规定，但该程序仅是其内部管理规定程序，非法律所规定的程序，不具有对外效力。A 石油公司称"该协议目的无法实现"，B 公司已依照该协议约定向其支付了 331 万元油款，C 公司未付款构成违约，不是法律规定的"合同目的无法实现"，该协议已得到部分履行。故 A 石油公司主张解除协议的两项事由均无法成立，《油品结算协议》合法成立，对 A 石油公司、B 公司和 C 公司均有效，不应解除。

（二）A 石油公司的油款由谁承担

如上述第（一）案件评析，《油品结算协议》合法有效。因该协议已明确约定了 B 公司欠 A 石油公司的油款 1831 万元，其中 331 万元由 B 公司自身偿还，1500 万元由 C 公司代 B 公司偿还。民法典第五百五十一条规定，债务人将债务的全部或者部分转移给第三人的，应当经债权人同意。《油品结算协议》由三家公司共同签署，说明 A 石油公司作为债权人已同意 B 公司将债务转移给 C 公司，债务转移成立。故 C 公司应向 A 石油公司承担还款责任。

（三）律师点评

本案所涉《油品结算协议》是平等主体之间经协商一致签订，依法有效。A 石油公司在没有约定解除事由和法定解除事由的情况下，诉请要求解除该协议，难以得到支持。C公司不能如约支付油款1500万元构成违约，但不是该协议目的无法实现的法定情形，而是A石油公司同意B公司将债务转移给C公司的法律风险。本案A石油公司就同一事实两次诉讼，系诉讼策略选择不当所致，导致了不必要诉讼成本的产生。

三、经验教训

债务转移又被称为"免责的债务承担"，是指不改变债务的内容，债务人将债务全部或者部分地转移给第三人。债务加入又被称为"并存的债务承担"，即第三人加入债务中作为新债务人和原债务人向债权人负有连带债务。债务加入与债务转移之间的区别在于，债务转移中原则上原债务人不再作为债务人，而由第三人作为债务人，但债务加入中，第三人和原债务人一起对债权人负有连带债务。考虑到偿债能力、债务风险、债权实现可能性等，最好采用债务加入的方式。如采用债务转移方式，需严格对新债务人的资产状况、经济承受能力、偿债能力、资信状况等进行调查，甚至可以要求新债务人提供偿债担保。本案中C公司作为新债务人，没有偿债能力，说明A石油公司在签订《油款结算协议》前对C公司的经济状况并不十分了解，C公司作为新债务人不能履行债务，依照法律规定，A石油公司不能以此解除《油款结算协议》，重新要求B公司继续履行原债务。而如果A石油公司是要求C公司作为B公司的债务加入人，则A石油公司可以要求B公司与C公司承担连带清偿责任，又或者可以附带条件，要求在C公司不能履行债务时B公司继续承担债务，以此防止B公司逃避债务。

本案中A石油公司第一次起诉要求解除《油款结算协议》，未区分公司内部经营管理程序规定与外部法律程序规定，不符合内部管理程序规定是公司内部管理问题，导致提出的解除事由不能成立，诉讼策略不当。即便A石油公司是全资国有公司，但A石油公司仍是民事主体，不具有像行政机关等主体的特殊地位。因此，在启动诉讼程序前，应合理分析并研判案情，选择正确的诉讼策略，避免无效诉讼造成维权成本增加。

第二篇
劳动争议纠纷案件

案例二十

A 石油公司与 B "继续履行劳动关系" 纠纷案件

一、基本案情

（一）案件事实经过

B 于 2004 年 12 月入职 A 石油公司工作，2017 年 1 月 1 日，双方签订无固定期限《劳动合同书》，签订合同前，A 石油公司向 B 送达了各种职责相关的规章制度等资料。2018 年 3 月 15 日，A 石油公司聘任 B 为 A 石油公司某加油站经理。

在 B 任职加油站经理期间，值班经理 C 利用工作便利虚充值套取营业款，给 A 石油公司造成巨大损失。2018 年 3 月 15 日，A 石油公司作出《关于给予 B 的免职决定》，2021 年 8 月 31 日，A 石油公司向工会委员会出具《关于征求员工 B 解除劳动合同意见的函》，同日工会委员会出具《关于对 B 违规行为处罚决定的复函》，同意给予 B 解除劳动合同的处罚。2021 年 9 月 2 日，A 石油公司作出《关于给予 B 解除劳动合同处分的决定》。B 于 2022 年 3 月 9 日向 A 石油公司递交了复工申请书。

2022 年 7 月 15 日，B 向劳动人事争议仲裁委员会提出仲裁申请，要求确认与 A 石油公司之间的劳动关系，恢复原工作岗位并补发工资。

（二）各方观点

B 认为，2004 年双方就已建立事实劳动关系，2017 年签订无固定期限劳动合同，2018 年 8 月，A 石油公司擅自暂停其工作，之后虽然多次申请复工，但在 2021 年收到了解除劳动合同的通知；A 石油公司解除劳动合同违反法律规定，C 的行为与 B 无关，不存在失职的问题。

A 石油公司认为，B 任职加油站经理，全面负责加油站的日常管理工作，但疏于管理，造成 C 利用职务便利套取营业款，造成巨大损失，已严重违反 A 石油公司的规章制度，并且与 B 解除劳动关系也得到了工会的同意，并不违反法律规定。

双方的争议焦点为 A 石油公司解除劳动合同是否符合法律规定。

劳动仲裁委员会认为，A 石油公司与 B 解除劳动合同不符合法律规定，应继续履行劳动关系；劳动者获得劳动报酬的前提是提供劳动，暂停工作期间 B 并未提供劳动，所以不支持 B 补发工资的请求。

法院认为，双方之间存在合法的劳动关系，A 石油公司在 2018 年停止 B 的工作后，直到 2021 年才拟解除劳动合同，未保障 B 解释申辩的权利，未能提供证据证明解除劳动合同符合法律规定。B 待岗是 A 石油公司造成的，因此 A 石油公司应根据当地最低工资标准向 B 支付待岗期间的工资。

（三）案件审理情况

劳动仲裁委裁决恢复 A 石油公司与 B 的劳动关系，驳回 B 其他申请。A 石油公司和 B 均不服诉至法院，法院判决双方继续履行劳动关系，A 石油公司根据当地最低工资标准向 B 支付待岗期间的工资。

二、案例评析

本案的争议焦点为 A 石油公司解除与 B 的劳动合同关系是否符合法律规定，A 石油公司是否应该支付 B 待岗期间的工资。

（一）A 石油公司解除与 B 的劳动合同关系是否符合法律规定

《中华人民共和国劳动合同法》第三十九条规定，"劳动者有下列情形之一的，用人单位可以解除劳动合同：（一）在试用期间被证明不符合录用条件的；（二）严重违反用人单位规章制度的；（三）严重失职、营私舞弊，给用人单位造成重大损害的；（四）劳动者同时与其他用人单位建立劳动关系，对完成本单位的工作任务造成严重影响，或者经用人单位提出，拒不改正的；（五）因本法第二十六条第一款第一项规定的情形致使劳动合同无效的；（六）被依法追究刑事责任的。"

在本案中，A 石油公司认为 B 是加油站的经理，应该承担加油站日常的管理工作，但在 B 的角度来看，B 与 C 并不存在监督与管理关系，C 的行为监督责任应该在 A 石油公司财务部，这就导致 B 的日常工作权责不明确，使劳动仲裁委员会和法院对于 B 是否存在失职无法进行认定，并认为 A 石油公司提供的证据并不能证明 B 的行为符合用人单位单方解除劳动合同的情形。

（二）A 石油公司是否应该支付 B 待岗期间的工资

《工资支付暂行规定》（劳部发〔1994〕489 号）第十二条规定，"非因劳动者原因造成单位停工、停产在一个工资支付周期内的，用人单位应按劳动合同规定的标准支付劳动者工资。超过一个工资支付周期的，若劳动者提供了正常劳动，则支付给劳动者的劳动报酬不得低于当地的最低工资标准；若劳动者没有提供正常劳动，应按国家有关规定办理。"

B 待岗是因为 2018 年 8 月 A 石油公司的免职处分，但是 A 石油公司并未再给 B 安排其他工作，直到 2021 年 8 月才作出解除劳动合同的决定，显然从免职到解除劳动合同的决定时间过于长久，且 A 石油公司的解除行为至今未发生法律效力，所以应该按照当地最低工资标准向 B 支付相应的工资。

（三）律师点评

依据《中华人民共和国劳动合同法》第三十九条、第四十三条的规定，用人单位单方解除劳动合同，应当符合法定的条件和程序，具备相应的法律依据，用人单位行使解除权应当证明劳动者存在第三十九条的情形并事先将理由通知工会。根据 A 石油公司提供的证据，B 的工作职责不明，无法证明在 C 的行为中 B 存在失职行为，且 A 石油公司于 2018 年 8 月 29 日停止 B 的工作后，2021 年 8 月 31 日才向工会发函拟对 B 解除劳动合同，在此期间，A 石油公司未能保障 B 的解释申辩权利，对于涉及 B 切身利益关系的重大决定事项应当书面通知并直接送达 B。A 石油公司提供的证据不能证明解除行为符合劳动合同法第三十九条的规定。

三、经验教训

在本案中，A 石油公司聘任 B 为加油站经理时，对于 B 的职责权限并未明确，导致 B 与 C 之间的关系，无法证明存在监督与管理的关系。劳动关系是用人单位与劳动者之间的关系，双方实力并不对等，法律法规及司法机关的裁断都偏向于注重保护劳动者权益。员工是企业的一员，爱护关心员工是企业的应尽义务，但这并不意味着员工就可以无视法律和公司规章制度，违法乱纪，扰乱企业的正常管理秩序及合法权益。

（一）员工的工作内容必须做到权责清楚，完善违规违纪事件的处理机制，及时有效进行相应的处理

在本案中，B 是加油站经理，C 是该加油站的值班经理，B 与 C 之间的权责不明确，导致 B 对 C 的行为不承担任何责任。并且 A 石油公司在 2018 年 8 月作出停止 B 工作的处分后，直到 2021 年才决定解除劳动合同，中间相隔时间过长，且未能保障 B 解释申辩的权利。

在日常经营管理中，员工的工作内容必须做到权责清楚，避免出现缺乏针对性、重检查、轻防范、监管手段单一等监管漏洞，如出现违规违纪事件，可以按照公司的规章制度及时进行相应的处理。

106

由于对违规违纪行为的处理关系到员工的切身利益，对之处理就需格外严谨，需制定成熟有效的处理机制，充分发挥内部法律人员和法律顾问的作用，使问题的解决能做到有理有据，处理决定令人信服。

（二）充分认识到证据的关键性和严谨性，在事发第一时间做好证据的收集和保存工作

在本案中，A石油公司未能提供证据证明其解除劳动合同符合法律规定。因此，应充分认识到证据的关键性和严谨性，出具的证据需符合"三性"，即真实性、合法性、关联性。用人单位单方解除劳动合同的举证责任在用人单位，内容合法与程序合法同样重要，都是合法解除的必备要素。所以用人单位在做出解除决定前就应当做好整体解除方案的设计，提前规划好环节及证据固定工作。

（三）提高员工合规操作意识，全面加强员工合规教育培训

在本案中，C作为加油站的值班经理，竟利用职务便利套取营业款，造成A石油公司的严重损失，而B作为加油站经理对此竟未能及时察觉。员工是企业的基石，是企业的劳动者，与企业有着密切关系，企业关爱员工，就要切实加大宣传教育，提升员工合规意识、底线思维和品牌意识，全面加强员工合规教育培训，强化公司对违纪违规行为"零容忍"态度的认识，促进员工养成"懂规矩、守红线、知敬畏"的习惯。

案例二十一

A 诉 B 石油公司"出生日期认定"劳动争议纠纷案件

一、基本案情

（一）案件事实经过

A 为 B 石油公司领导岗位人员，2019 年 8 月，A 满 50 周岁，B 石油公司按照公司领导人员管理规定，并经 A 本人同意，将 A 调离工作岗位进行退养，并享受退养待遇。退养期间，A 认为 B 石油公司对其人事档案的出生日期认定错误，将导致其晚三年正式办退休，并向 B 石油公司提出出生日期认定异议，B 石油公司作出答复后，A 不服。2022 年，A 提请劳动仲裁，仲裁委员会不予受理。A 不服，起诉 B 石油公司，诉请判决 B 石油公司支付少支付的工资薪金 13 万元。本案为一起由干部人事档案出生日期认定问题引发的劳动争议案件。

（二）各方观点

A 认为，人事档案中最早形成的材料记载的出生日期是 1972 年 × 月 × 日，按照该出生日期计算，其应当在 2022 年 4 月退养，现其已经在 2019 年退养，导致少领取工资 13 万元。

B 石油公司认为，公司已经按照退养标准足额发放工资，国有企业干部人事档案中出生日期认定属于单位内部组织人事部门的职责权限，不属于劳动争议，更不属于法院受理范围。B 石油公司已经对 A 的出生日期作出认定并由本人签字确认，认定为 1969 年 × 月 × 日，符合政策依据，更符合客观实际，若支持 A 诉请，将导致 A 重复获利。

一审法院认为，干部人事档案出生日期认定问题，不属于法院审理范围，B石油公司对A作出的答复意见符合干部出生日期认定的政策、文件规定的程序和精神。

（三）案件审理情况

一审法院采纳了B石油公司的抗辩观点，故判决驳回A的全部诉讼请求。A不服提起上诉，二审维持一审判决。

二、案例评析

法院从程序审查出生日期认定问题，从实体审查是否少发工资，法庭总结的本案争议焦点有两个，详见下文（一）、（二），本文同时对出生日期认定问题的实体问题进行分析。

（一）A的出生日期认定问题是否属于人民法院受理民事诉讼的范围

中共中央组织部、公安部、人力资源社会保障部发布的组通字〔2016〕39号文件规定："各级人力资源保障部门在干部退休时，对干部的出生日期以本人档案中组织人事部门审核认定的为准""各级组织人事部门在干部人事档案审核工作中，要严格执行政策规定和相关工作程序……并填写在全国干部人事档案专项审核工作专用《干部任免审批表》'出生年月'栏内。干部本人对认定有异议的，可以按照有关规定申请复核或者提出申诉"。B石油公司在2015年干部人事档案专审工作中对A的出生日期已经作出认定，并由其本人签字。A在起诉前，提出异议，B石油公司进行了复核。故B石油公司对A出生日期的认定及复核，符合各项文件的程序、内容，依据充分。出生日期的认定问题属于企业内部人事部门管理范围，不属于法院受理范围，故法院对于A认为出生日期认定错误的主张不予受理。

（二）2019年A退出单位领导岗位后，B石油公司是否少支付了A工资

经查明A与B石油公司签订的《劳动合同书》第十条约定A应当严格遵守和执行公司的规章制度，B石油公司《企业领导人员管理规定》第八十三条规定了退养期间的工资发放数额和方式，属于劳动合同约定的规章制度范畴，A退养后，B石油公司按照该规章制度的规定向其支付工资待遇，符合劳动合同约定，不存在少支付工资问题，A认为少发工资的主张缺乏证据，应承担举证不能的不利后果，故A败诉。

（三）关于出生日期认定的实体分析

A认为其人事档案出生日期的认定，应当适用"最早原则"，依据为中共中央组织部、人事部、公安部发布的组通字〔2016〕41号文件，规定"对个别干部的出生日期，档案记载与户籍登记不一致的，应当以干部档案和户籍档案中最先记载的出生日期为依据。"A人事档案中最早的材料为学籍材料，记载出生日期为1972年×月×日，故应为该日期。然而，最早原则为一般原则，特殊情况下应适用公平公正原则，且公平公正原则位列各原则之首，为优先适用原则。依据中央组织部发布的"组工通讯第10期"第6个问题的问答，"对干部因上学、入党、入伍、招工等年龄不够，而将干部人事档案早期材料记载年龄填大，后根据形成时间更早的户籍档案材料已经改回的，按照公平公正原则，为避免重复得利，须认定为干部入学、入党、入伍、招工时填大的年龄"，以及组通字〔2016〕41号《关于干部出生日期认定基本原则的规定》，但是B石油公司没有适用该规定的直接证据。虽然人事档案中最早记载出生日期的学籍材料记载出生日期为1972年×月×日，但是另一份早期材料记载的出生日期由1972年×月×日涂改为1969年×月×日。后期材料中，尤其关于领导岗位的重要材料，出生日期均填写1969年×月×日。因为什么原因涂改，结合A的其他人事档

案，公司推测可能是基于当时工作、学习的需要，因 A 当时在 16 周岁时中断了高中学习，将年龄涂改为 18 周岁，参加国营单位工作，并报考了只有国营单位职工才可以报考的函授。若如此，为避免重复获利，应当按照填大的年龄认定出生日期。然而，人事档案中没有对涂改的原因进行说明，且在 2015 年全国干部人事档案专审，时也未对档案涂改问题进行调查、补足证据。

（四）律师点评

关于职工出生时间的认定，我国法律法规并无非常明确的规定。一般按照户籍信息确定，对于职工出生时间的认定原则上也应以其户口本和身份证上所记载的身份信息为准，并由此来确认职工的工龄和退休时间等。但是对于国企领导干部的退休问题，依据中共中央组织部、人事部、公安部发布的组通字〔2016〕41 号文件，"对个别干部的出生日期，档案记载与户籍登记不一致的，应当以干部档案和户籍档案中最先记载的出生日期为依据。"根据这一规定，在对其出生时间的认定上，如果本人身份证和档案中记载的出生时间一致，自然以该时间为准；但若二者不一致，则应以档案中最先记载的出生时间为准。

三、经验教训

应充分发挥本案的借鉴意义，不断完善管理制度与流程，在维护公司利益的同时，也注重保障职工的合法权益，才能防患于未然，避免法律纠纷的出现。

（一）完善员工档案的审查与管理，及时签认防范风险

公司人事部门要对员工档案特别是出生日期、工作时间、工龄等涉及员工切身利益、可能引发纠纷的内容进行专审或自查，做好员工本人的签认工作。本案中，B 石油公司在 2015 年干部人事档案专审时，发现档案出生日期有涂改的情况，就应当对涂改的原因进行调查了解，尤其

向本人询问是否属于因招工、上学等年龄不足而故意填大，并由本人对此签字确认。

（二）强化管理，规范人事管理规章制度特别是涉及员工切身利益制度的制定、发布、签认程序

规章制度的制定，不仅仅内容要合法、合规、合理，更要在程序上以明示的方式体现，这样的规章制度，才能作为法院作出裁判的依据。本案法院在实体审查是否少发工资问题时，从双方签订的劳动合同中约定劳动者应当严格遵守公司各项规章制度，Ａ签收、认可公司各项规章制度，Ａ退养时公司实际发放工资的依据为《企业领导人员管理规定》三个方面分析，进而才对Ａ的诉请驳回，规章制度的发布及签认是本案胜诉的一个重要保障。

（三）加强法律、法规、政策的学习及适用，并在业务中强化证据提取及保存意识

本案涉及出生日期认定的最主要的依据是部门规范性文件及政策，对这些政策文件的理解应不仅仅在于内容文字上，更在于内容涉及的相应证据的提取和保存。2015 年，单位在干部人事档案专审时，以为避免重复获利而将出生日期认定为填大的日期，但是在该依据的具体操作落实上仍有不足。一是专审时没有对涂改原因进行调查并保存证据，二是没有会同公安部门对其户籍登记日期进行更正，这就为纠纷的发生埋下隐患。

（四）加强与社会保障部门的沟通、配合，保障员工切身利益，防范法律风险

本案Ａ在退养期间，咨询过当地社保局退休问题，社保局口头答复在办理其退休时要遵循"最早原则"认定出生日期，这是本案发生的导火索。但是该答复为口头咨询回复，按照相关规定，社会保障部门在认定出生日期时不仅能遵循最早原则，更要遵循公平公正原则。Ｂ石油公司对出生日期认定工作的不细致，以及社保部门的"不专业回答"导致本案的发生。在后续处理类似问题时，公司应加强与社保部门的沟通、配合，避免出现因公司和社保部门认定的不一致，导致员工"晚退休"，进而引发法律纠纷。

案例二十二

A、B 分别诉 C 石油公司
"不定时工作制"纠纷案件

一、基本案情

（一）案件事实经过

2005 年 12 月，A、B 与 C 石油公司签订劳动合同，约定其二人工作岗位为加油员，执行不定时工作制，工作时间为每天早八点至次日早八点，工作 24 小时休息 24 小时，法定假日工作均支付加班费。2018 年 12 月 31 日，劳动合同到期后，双方未续签劳动合同。2019 年 6 月，A、B 对 C 石油公司提起仲裁，要求裁决确认劳动合同中不定时工作制条款无效，并按标准工时制支付加班费。

（二）各方观点

A、B 认为，劳动关系存续期间，其二人多次要求调整不定时工作制为标准工时制均被 C 石油公司拒绝，企业实行不定时工作制必须依法获得劳动行政部门批准，C 石油公司及其上级单位、行政主管部门没有为二人办理相应岗位、工种的不定时工作制审批手续，所以劳动合同中约定不定时工作制的条款为无效条款，据此请求加班费。

C 石油公司认为，C 石油公司有某省劳动和社会保障厅对其上级单位实行不定时工作制的批复文件，明确油库及加油站职工实行不定时工作制。另根据《关于贯彻执行〈中华人民共和国劳动法〉若干问题的意见》（劳部发〔1995〕309 号）第六十七条规定，经批准实行不定时工作制的职工不受劳动法第四十一条规定的日延长工作时间标准和月延长工作时间标准的限制；《工资支付暂行规定》（劳部发〔1994〕489号）第十三条规定，实行不定时工时制度的职工不适用关于加班费的规定。故 A、B 的工作制度、工作时长不违反法律规定，C 石油公司保障了其二人休息休假的权利。

双方的争议问题为 C 石油公司执行不定时工作制是否符合法律规定。

劳动人事争议仲裁委员会认为，C 石油公司举证劳动行政部门批复文件能够证实其已得到劳动行政部门同意公司油库和加油站职工实行不定时工作制，因此，C 石油公司与 A、B 劳动合同中约定执行不定时工作制合法有效。

（三）案件审理情况

劳动人事争议仲裁委员会采纳了 C 石油公司的举证和抗辩意见，依法裁决不予支持 A、B 的全部仲裁请求。

二、案例评析

（一）案件争议分析

本案为劳动人事争议案件，案件争议为 C 石油公司与 A、B 在劳动合同中约定不定时工作制是否违法，以及是否需要支付加班费。

不定时工作制是指因生产特点、工作特殊需要或职责范围，无法按标准工作时间衡量，需机动作业而采取不确定工作时间的一种工时制度。依据《中华人民共和国劳动法》第三十九条"企业因生产特点不能实行本法第三十六条、第三十八条规定的，经劳动行政部门批准，可以实行其他工作和休息办法"；《关于企业实行不定时工作制和综合计算工时工作制的审批办法》第三条"企业因生产特点不能实行《中华人民共和国劳动法》第三十六条、第三十八条规定的，可以实行不定时工作制或综合计算工时工作制等其他工作和休息办法"，第四条"企业对符合下列条件之一的职工，可以实行不定时工作制：（一）企业中的高级管理人员、外勤人员、推销人员、部分值班人员和其他因工作无法按标准工作时间衡量的职工；（二）企业中的长途运输人员、出租汽车司机和铁路、港口、仓库的部分装卸人员以及因工作性质特殊，需机动作业的职工；（三）其他因生产特点、工作特殊需要或职责范围的关系，适合实行不定时工作制的职工"的规定，采用不定时工作制合法的前提为取得用人单位所在地劳动部门审批后方可执行。本案中 C 石油公司取得了劳动行政部门的批复，故 C 石油公司针对 A、B 的工作岗位实行不定时工作制合法，因此无须支付 A、B 加班费。

（二）律师点评

企业合规用工于劳动者而言，可以确保劳动者在劳动过程中享有充分的权利和保障，增强劳动者的荣誉感、集体感和凝聚力；于企业而言，可以避免因劳动纠纷、合同纠纷等引发的法律法规风险，降低企业的经营风险和信用风险，提升企业形象，增强客户、合作伙伴和投资者的信任度。劳动合规是企业和劳动者实现共赢的重要保障，企业应高度重视劳动合规，为自身的可持续发展和劳动者的权益保护共同努力。

三、经验教训

在本案中，A、B 之前为 C 石油公司执行不定时工作制的员工，要求 C 石油公司按照标准工作制支付加班费。不定时工作制度下不涉及加班费，但这并不意味着不定时工作制度下可以无限制地要求劳动者工作。根据相关法律规定，企业执行不定时工作制，在保障职工身体健康并充分听取职工意见的基础上，采用集中工作、集中休息、轮休调休、弹性工作时间等适当方式，确保职工的休息休假权利和生产、工作任务的完成。

因此，企业在与劳动者签订劳动合同时，首先要做好解释说明与沟通工作，明确岗位工作执行及有关要求；其次要加强劳资人事的制度宣传工作，将相关制度和批复文件交由劳动者详细阅读学习，并留存由其签字确认的制度学习阅读记录，以确保劳动者已充分了解公司制度规定，充分知晓自身的权利义务，同时避免劳动关系终止后劳动纠纷的产生。

案例二十三

A 诉 B 石油公司"退休待遇"
争议纠纷案件

一、基本案情

（一）案件事实经过

A 于 1990 年入职 B 石油公司，职位为加油站员工，在岗期间由 B 石油公司向其支付薪资及奖金、缴纳社会保险。2020 年，A 退休，在领取退休工资时发现其退休待遇与同工龄退休职工待遇差距明显，社保部门认定其参加工作时间为 2000 年 1 月。经向社保部门查询，B 石油公司未给其缴纳 1990 年至 1999 年间的社会保险，人事档案中也未查询到其 1990 年至 1999 年间在 B 石油公司的工作经历。

A 陈述其于 1990 年 7 月在某劳动服务公司参加工作，系身份混岗工。B 石油公司在调查中找到 A 的 1990 年至 1999 年间的部分工资财务凭证，但未找到招工手续，有无招工手续或手续丢失均已无法查证。B 石油公司通过对当时工作人员和部分同期入企的员工问询，得知当时招工（不含临时工）是某市劳动局统一办理招工手续，但该市社保部门答复当时的招工手续未存根留存，并不予认可 B 石油公司的工资财务凭证能作为 A 接续工龄和补缴养老保险的依据。A 认为是 B 石油公司将招工手续丢失，要求 B 石油公司为其接续 10 年工龄。2021 年 A 向某市劳动仲裁委员会申请确认其于 B 石油公司之间的劳动关系，因 A 已退休，属主体不适格，仲裁委员会未予受理。后 A 向法院起诉，要求确认双方在 1990—1999 年间存在劳动关系，B 石油公司承担 A 聘请律师费用。

（二）各方观点

A 认为，其从 1990 年入职 B 石油公司至 2020 年退休，在 B 石油公司工作连续，本应享受与同工龄退休职工同等待遇，不能享受系因 B 石油公司未给其缴纳 1990 年至 1999 年间的社会保险所致，B 石油公司提供 A 的 1990 年至 1999 年间的工作档案资料，该期间的劳动关系实际存在，应依法得到确认。

B 石油公司认为，A 从 1990 年入职 B 石油公司至 2020 年退休，情况属实，故 B 石油公司认可 A 的诉讼请求。

（三）案件审理经过

法院经审理认为，当事人有权在法律规定的范围内处分自己的民事权利和诉讼权利，B 石油公司承认 A 的全部诉讼请求不违反法律规定，故判决支持了 A 全部诉请。

二、案例评析

本案属劳动争议纠纷，因社保部门认为 1990 年至 1999 年间的工资财务凭证不能作为其接续工龄和补缴养老保险的依据、当时由劳动局统一办理招工手续未留存根、B 石油公司不能提供 A 完整工资凭证和劳动关系证明等多种因素，导致 A 退休后不能享受与同工龄退休职工同等待遇，最终由 B 石油公司与 A 在穷尽救济途径后选择诉讼方式，通过法院生效判决确认了 B 石油公司与 A 在一定时期内存在劳动关系的事实。

律师点评：本案案情不复杂，B 石油公司尊重客观事实，承认 A 主张事实及诉请，在穷尽救济方式后选择法院诉讼，采取的处理方式较好地维护了公司形象，平稳地处理了该劳动纠纷。社保缴纳情况决定劳动者退休后享受待遇情况，但现实生活中社保缴费断缴不一定是用人单位未实际缴纳所致，也存在劳动社保部门内部系统原因，像本案情况的发生就是多种因素共同所致。为避免劳动者退休后才知晓自身社保缴纳情况，建议用人单位或劳动者在劳动者办理退休手续前查询社保部门系统内的缴费记录，提早发现问题并解决问题，而如果劳动者退休后才发现社保缴纳存在问题，提起劳动仲裁、很有可能会被认定为主体不适格不予受理。大部分劳动仲裁委员会受理社保缴纳、补缴纠纷，但社保缴纳、补缴不在法院的受案范围内。

三、经验教训

近年来，工龄、年龄、人事档案缺失、社保断缴等成为产生劳动人事纠纷的主要事因，这是劳动用工制度改革等因素所带来的具有历史特殊性的问题，针对个案应做到具体问题具体分析，掌握和研究行政部门的特殊政策，遇到本案这种特殊情况应与多部门沟通，调查问题产生原因并寻找解决对策，尽可能使问题得到平稳、彻底解决。并且要进一步对人事档案工作体制机制、内容建设、日常管理、利用审核、纪律监督等加以规范和完善。

案例二十四

A诉B石油公司"克扣工资"纠纷案件

一、基本案情

（一）案件事实经过

A于2000年复员后分配至B石油公司工作，2017年1月，双方签订无固定劳动期限合同，工作内容为B石油公司加油站、油库、机关及后勤岗位工作。工作时间和休息休假按照国家、B石油公司及其上级公司的规定，执行不定时工作制。A岗位工资为3010元，其他绩效工资、津补贴考核分配方式及支付办法按B石油公司规定执行。2020年12月5日，A非因工受伤住院治疗，病假期间为2020年12月9日至2021年3月31日、4月5日至6月30日。A病假期间，无绩效等动态考核工资。A非因工受伤前为B石油公司加油站经理，2021年1月26日，A放弃竞聘加油站经理一职。2月，B石油公司下发通知任命新加油站经理，原任经理职务自动解聘，易岗易薪。7月1日，A伤愈返岗，B石油公司为其安排非油岗位工作，2021年1月至3月基本工资以3080元为基数计算，4月至8月基本工资以2580元为基数计算。9月26日，B石油公司调整其岗位为加油站营业员，次日到新岗位任职。2022年10月10日，A因犯危险驾驶罪被判处刑罚，B石油公司于2022年10月21日与A解除劳动关系。

2021年9月7日，A向劳动仲裁委员会提起仲裁，要求确认B石油公司克扣工资，返还克扣的工资并进行赔偿。

2023年，A再次向劳动仲裁委员会提起仲裁，要求确认B石油公司克扣工资违法，并返还克扣的工资。

（二）各方观点

1.2021年劳动仲裁和诉讼中的各方观点。

A认为，其2000年复原后分配至B石油公司工作，从2003年至2020年一直担任加油站站长工作。2020年12月5日非因工受伤住院治疗，病假期间为2020年12月9日至2021年3月31日、4月5日至6月30日。其连续工龄超二十年以上，有24个月的医疗期，医疗期间工资应百分百支付。B石油公司按公司制度超过6个月病假期对其病假期间每月仅付620元工资，假借易岗易薪规定单方变更劳动合同约定，将其基础工资3080元降低为2580元，B石油公司擅自克扣A工资。

B石油公司认为，根据公司《员工休假及考勤管理细则》、劳动合同法、劳动合同法若干问题意见的相关规定，B石油公司向A发放的工资数额正确，未低于法定标准，不存在克扣工资行为。

双方的争议焦点为B石油公司是否存在克扣工资行为。

法院认为，2020年12月5日，A非因工负伤，2021年1月放弃加油站经理竞聘，B石油公司于9月26日做出岗位调整通知并口头告知A，双方未重新签订劳动合同，应视为继续履行原合同，A病假前岗位工资为3080元，B石油公司支付A岗位工资均为2580元，低于病假前岗位工资，故应予补足2021年3月至9月工资差额3500元。B石油公司在A病假期间单方变更劳动合同无效。A主张的加付赔偿金依据《中华人民共和国劳动合同法》第八十五条、《中华人民共和国劳动法司法解释一》调整为3500元的50%即1750元；依据《劳动部关于贯彻执行〈劳动法〉若干问题的意见》第五十九条规定及双方劳动合同中载明A应遵守B石油公司《员工休假及考勤管理规定》，A主张按100%计发病假工资缺乏依据，不予支持；因A病愈上班后B石油公司为其安排岗位是非油岗位，A自认非油岗位无绩效，故对其奖金主张不予支持；B

石油公司代扣代缴社会保险费行为不构成克扣工资。

2.2023年劳动仲裁和诉讼中的各方观点。

A认为，B石油公司据判决赔付5250元后，又以薪酬清算为名无理扣其8个月工资9508.08元，属挟私报复，无视法律，B石油公司应予返还所扣工资。

B石油公司认为，仲裁委员会在其提出合理延期审理申请的情况下仍开庭审理，导致B石油公司缺席，作出裁决违反程序。B石油公司详述A2021年1月至7月的应发工资数额，为扣除养老、医疗、大病、失业保险及住房公积金、企业年金后，2021年1月至7月的实发工资数额，在A的实发工资中1—3月包含多发绩效奖金5580元，2021年3月至7月因A应发工资数额不足以扣缴社会保险、住房公积金和发放最低生活保障，B石油公司向A多发工资3928.08元。两笔共计9508.08元。B石油公司依据劳动合同约定及公司制度规定，于2022年7月至9月在A应发工资中扣除9508.08元合理合法，不属克扣工资，故不应返还。

仲裁委员会认为，开庭通知书已送达B石油公司，B石油公司无正当理由未到庭，B石油公司应举证证明对A的工资及绩效进行清算的合理性，但B石油公司未提供证据证明，亦未提交书面答辩，因此对于A的证据予以采信。

法院认为，B石油公司在2021年1月至7月间，向A核发的病假工资在不包含补发金额的情况下亦不低于法定工资标准。B石油公司将在此期间给A多发的工资扣回不违反法律规定。因A认可在病假期间没有绩效工资的事实，且A未提交有效证据证明B石油公司对A病假期间多发的绩效工资扣回行为不符合法律规定，故B石油公司主张不予返还扣减A工资9508.08元的诉请予以支持。

（三）案件审理情况

2021年的仲裁和诉讼中，一审法院判决B石油公司支付工资差额

3500 元，驳回 A 其他诉请。A 不服上诉，二审法院查明事实、观点与一审法院一致，判决维持一审判决。

2023 年的仲裁和诉讼中，因 B 石油公司未到庭举证，承担举证不能的责任，支持了 A 的仲裁请求。B 石油公司不服，提起诉讼，一审法院判决支持了 B 石油公司的诉讼请求。

二、案例评析

（一）本案争议焦点分析

本案两次诉讼争议焦点均为 B 石油公司是否克扣 A 的工资。案情涉及劳动者病假期间连续工龄、医疗期、假期间工资的发放标准、工资实发与应发数额、岗位调整、劳动合同变更、工资扣回等诸多细节问题。经过长达四年的诉讼，历经仲裁、一审、二审程序，法院最终结合证据、公司制度规定及法律规定，认定 B 石油公司单方变更 A 基本工资数额无效，应补发工资，但法院听取 B 石油公司对 A 工资计算标准及依据、未克扣工资理由、薪酬清算扣回工资原因详细阐述，认为有理有据合法，未认定 B 石油公司存在克扣工资行为。

（二）律师点评

根据法律规定，原告不到庭按撤诉处理，被告不到庭可缺席审理，故作为诉讼一方应积极行使诉讼权利，准时参加庭审。在第二次被提起劳动仲裁时，B 石油公司虽称曾向仲裁委员会提出延期审理申请，但未提供已提出延期审理申请的证据。劳动仲裁委员会有权利决定是否延期审理，在延期审理申请未经同意的情况下，B 石油公司应准时应诉。B 石油公司未到庭，亦未提交答辩意见，导致丧失了举证、质证、辩论等仲裁活动中的程序性权利。

根据《中华人民共和国劳动争议调解仲裁法》第四十七条规定，追索劳动报酬、工伤医疗费、经济补偿或者赔偿金，不超过当地月最低工资标准十二个月金额的劳动争议，仲裁裁决为终局裁决，裁决书自作出之日起发生法律效力。《关于劳动人事争议仲裁与诉讼衔接有关问题的意见（一）》（人社部发〔2022〕9号）第十条规定，仲裁裁决对单项裁决金额不超过当地月最低工资标准十二个月金额的事项，劳动人事争议仲裁委员会应当适用终局裁决。本案第二次仲裁裁决结果9508.08元，低于当地月最低工资标准1660元的十二个月金额，本应适用一裁终局，但该裁决书未写明系终局裁决，不符合法律规定。根据《中华人民共和国劳动争议调解仲裁法》第四十九条规定，B石油公司不服一裁终局的裁决，应向仲裁委员会所在地的中级人民法院申请撤销，B石油公司向基层法院提起诉讼要求不予返还扣除工资，选择程序、诉请均错误，基层法院审理该案亦违反级别管辖规定。

三、经验教训

通常劳动仲裁委员会和法院会认为劳动者是弱势一方，在主观上容易产生偏向。对于是否签订劳动合同、劳动合同变更协议等，用人单位更具主动权，且用人单位理应更清楚法律规定，故用人单位的举证责任一般而言更重、更严格。用人单位应与劳动者协商一致后，尽量以签订书面变更合同的方式调整劳动者的岗位或者工资，避免口头通知劳动者造成调岗调薪违法。注意易岗易薪制度使用的时间点及适用对象，严格根据公司制度执行。对于劳动者工资的发放依据和计算标准、扣减工资原因、休假请假等应积极与劳动者沟通，做好答疑解惑释明工作，帮助劳动者理解并接受公司的决定和行为。

案例二十五

A 诉 B 石油公司解除劳动关系、拖欠工资及社会保险争议纠纷案件

一、基本案情

（一）案件事实经过

A 于 1998 年 12 月到 B 石油公司工作，原为 B 石油公司加油员。2017 年双方订立无固定期限劳动合同，在该合同签订前，A 签收了包含公司各项重要规章制度的材料清单一份。2021 年 9 月，B 石油公司内部安全监察人员发现 A 在加油站休息室内有抽烟行为，经调取监控视频确认 A 在加油站抽烟属实，将此情况报告 B 石油公司人事处。2021 年 10 月，A 对此出具两份检讨书。2021 年 11 月，B 石油公司召开联席会议，作出解除与 A 的劳动关系的决定，A 签署解除劳动合同协议、解除（终止）劳动合同证明、自愿放弃职业病健康体检说明三份材料。后 A 对 B 石油公司提起劳动仲裁，要求确认 B 石油公司解除劳动合同违法，应与其签订无固定期限劳动合同，补发 2021 年年终奖金 2000 元及解除劳动合同期间的工资、给付 2021 年 12 月 1 日至 2022 年 6 月 30 日的社会保险金 3343 元。

（二）各方观点

A 认为，B 石油公司因其在加油站休息区抽烟即与其解除劳动合同关系属违法解除。

B 石油公司认为，双方在 2007 年签订无固定期限劳动合同前，A 签署确认收到公司制度相关的材料清单，证明其已明确知晓公司的相关制

度要求。监控视频、证人证言、A 出具的两份检讨书可以证实 A 在加油站抽烟严重违反公司制度，属明知故犯，据此解除与 A 的劳动关系是合法的。

劳动仲裁委员会认为，B 石油公司与 A 在 1998 年 12 月至 2021 年 11 月 26 日期间存在劳动关系，2017 年 B 石油公司与 A 签订了无固定期限劳动合同，A 请求签订无固定期限劳动合同的仲裁请求不成立；加油站涉及公共安全禁火，属于一般性常识，A 作为工作人员更应严格遵守，A 在工作时间、工作地点吸烟的行为严重违反 B 石油公司的制度规定，故认定 A 主张确认 B 石油公司违法解除劳动关系不成立；年终绩效奖是用人单位对劳动者在一个自然年内劳动合同关系存续期间的奖励性劳动报酬，B 石油公司与 A 于 2021 年 11 月 26 日解除劳动关系，应当享受 11 个月的奖金，在 B 石油公司无有效证据证明奖金发放标准的情况下，仲裁委员会参照同岗位职员年终绩效奖金进行计算，裁决 B 石油公司应向 A 支付 2021 年某绩效奖金 2436 元；对 A 提出解除后支付工资的仲裁请求于法无据，不予支持；B 石油公司已为 A 缴纳社会保险费，对 A 要求给付社会保险金的仲裁请求不予支持。

法院认为，双方在签订无固定期限劳动合同前，A 已签收 B 石油公司的诸多规章制度文件资料，其中包括员工违纪违规处理规定、公司员工奖惩条例等，并保证严格遵守和执行，由此证明，A 知晓并了解 B 石油公司的上述规章制度，A 应知在加油区域内禁火既属于单位规章制度要求，又是一般性常识，加油站涉及公共安全，一旦着火、爆炸，后果不堪设想，A 作为在加油站工作了二十多年的老员工，本应严格遵守禁烟禁火规定，但其存在侥幸心理，于工作时间在加油站抽烟，其行为违反双方签订的劳动合同及公司制度，属严重违反用人单位规章制度；B 石油公司有权以 A 抽烟属于严重违反本单位规章制度为由，解除与 A 的无固定期限劳动合同，于法有据，不属于违法解除；因 B 石油公司不属于违法解除劳动合同，不予支持 A 支付工资损失的诉请，B 石油公司不再有义务为 A 缴纳社会保险费。

（三）案件审理情况

劳动仲裁委员会裁决 B 石油公司向 A 支付绩效奖金 2436 元，驳回 A 其他仲裁请求。

一审法院驳回 A 的诉讼请求。

二、案例评析

（一）本案争议分析

本案为劳动合同纠纷案件，争议焦点为 A 是否在工作时间、在加油站存在抽烟行为，抽烟行为是否严重违反用人单位规章制度，B 石油公司以此为由解除合同是否违法，A 是否享受年度绩效奖金等。

依据《中华人民共和国劳动合同法》第三十九条"劳动者有下列情形之一的，用人单位可以解除劳动合同：……（二）严重违反用人单位的规章制度的……"的规定，A 是加油站的加油员，加油站属于特殊场所，禁火不但属于规章制度要求，而且属于公共安全保障的要求，A 从事加油员岗位多年，知晓公司制度规定，亦应具有安全常识，其在加油站抽烟的行为已经严重违反 B 石油公司的规章制度，因此 B 石油公司解除劳动合同合法。

（二）律师点评

用人单位在单方解除劳动关系前，应查明劳动者是否具备解除劳动关系的情形。以劳动者严重违反用人单位规章制度为由解除劳动关系，应有证据证实劳动者明知规章制度的内容且其行为违反了内容，在本案中 B 石油公司举证劳动者签署接收规章制度的材料清单是本案胜诉的关键，劳动合同、监控视频、证人证言、检讨书的举证形成完整证据链条，证实 B 石油公司以 A 在加油站抽烟严重违反制度规定，据此解除劳动关系合法。当然，加油站作为特殊工作场所，禁止吸烟是常识，几乎人尽皆知，不仅约束加油站员工，还约束进入加油站的其他人员。

三、经验教训

本案中，B 石油公司与 A 签订劳动合同时，将公司的相关规定制度也一并送达了 A，并让 A 签字确认，并对 A 在加油站抽烟的行为进行了证据固定，又让 A 对此做出了检讨，以上步骤都是在诉讼中取胜的关键证据。因此，公司应规范用工行为，与劳动者签订劳动合同，对于符合签订无固定期限劳动合同的劳动者应及时签订无固定期限劳动合同。公司的规章制度应向劳动者公示、告知，在条件允许的情况下组织劳动者学习、培训，并留存劳动者已知晓公司规章制度要求的证据。在劳动合同中明确约定制度要求也是避免劳动者以不知晓公司制度为由反驳或抗辩的有力措施之一。同时，劳动合同与相关文件应由劳动者本人签字，不可由他人代签，以免因签字不真实导致法院或仲裁委员会不认可公司提出的主张和证据。另外，关于年终绩效奖金的分配与发放，应严格按照规章制度和法律规定进行。

案例二十六

A 诉 B 石油公司
支付"解除劳动合同赔偿金"纠纷案件

一、基本案情

（一）案件事实经过

A 从 2009 年 7 月入职 B 石油公司，担任加油站营业员。至 2021 年 12 月 31 日，双方共签订了 5 次固定期限劳动合同，第五次固定期限劳动合同时间为 2021 年元月至 12 月底。2021 年 12 月 1 日，B 石油公司书面通知与 A 终止劳动合同。A 收到通知后，对终止劳动合同提出异议，并表示要申请劳动仲裁。12 月 31 日，B 石油公司电话通知 A 办理终止劳动合同相关手续，后于 2022 年 1 月 25 日支付 A 经济补偿金。2022 年 1 月，A 对 B 石油公司提起劳动仲裁，要求 B 石油公司支付违法解除劳动合同赔偿金。

（二）各方观点

A 认为，2009 年 7 月至 2021 年 12 月 31 日在 B 石油公司工作期间，B 石油公司与其签订 5 次固定期限劳动合同，2021 年 12 月 1 日，A 收到 B 石油公司作出的解除劳动合同通知书，通知其于 2021 年 12 月 31 日合同到期后终止双方的劳动关系；依照法律规定，A 应享有签订无固定期限劳动合同的权利，但 B 石油公司仍要求其签订固定期限劳动合同，且最后签订的劳动合同期限仅为一年，B 石油公司的行为违法，B 石油公司以一年期合同到期为由解除与 A 之间的劳动关系，解除行为违法。

B 石油公司认为，其与 A 所签订的第三至第五次固定期限劳动合同均由 A 自己提出，双方之间在劳动合同到期后未续签劳动合同的原因是 A 不符合 B 石油公司技术技能的要求，B 石油公司已于 2022 年 1 月 25 日向其支付经济补偿金，不存在违法解除行为。

仲裁委员会认为，A 虽称第三至第五次签订固定期限劳动合同系 B 石油公司要求，依法应签订无固定期限劳动合同，但其明确承认第三至第五次固定期限劳动合同系其本人签字，B 石油公司作为用人单位本应在与 A 两次签订固定期限劳动合同后，依法与 A 签订无固定期限劳动合同，虽称第三至第五次签订固定期限劳动合同系 A 自己提出，但不能举证证实，双方均缺乏有利证据证实第三至第五次固定期限劳动合同的真实签订原因。

（三）案件审理情况

双方经过考虑后均同意调解，最终以 B 石油公司赔偿 A2 万元达成调解，仲裁委员会出具调解书予以确认。

二、案例评析

本案争议焦点为 B 石油公司解除与 A 的劳动关系是否属于违法解除。

（一）B 石油公司解除与 A 的劳动关系是否属于违法解除，B 石油公司应否向 A 支付经济赔偿金

根据《中华人民共和国劳动合同法》第十四条规定，用人单位与劳动者协商一致，可以订立无固定期限劳动合同，有下列情形之一，劳动者提出或者同意续订、订立劳动合同的，除劳动者提出订立固定期限劳动合同外，应当订立无固定期限劳动合同：（1）劳动者在该用人单位连续工作满十年的；（2）用人单位初次实行劳动合同制度或者国有企业改制重新订立劳动合同时，劳动者在该用人单位连续工作满十年且距

法定退休年龄不足十年的；（3）连续订立二次固定期限劳动合同，且劳动者没有本法第三十九条和第四十条第一项、第二项规定的情形，续订劳动合同的。本案中，A 符合与 B 石油公司签订无固定期限劳动合同的情形，除非 A 提出订立固定期限劳动合同，否则，B 石油公司应该与 A 签订无固定期限劳动合同。B 石油公司与 A 均认可已连续签订五次固定期限劳动合同的事实。B 石油公司没有证据证明是 A 自己提出的签订固定期限合同，A 在固定期限劳动合同上已签字，也没有证据证明是 B 石油公司要求其签订的。在本案中考虑到双方的地位，仲裁委员会或法院可能更倾向于认定是 B 石油公司要求 A 签订固定期限劳动合同，B 石油公司的行为违反上述法律规定。在此基础上，可能又会认定 B 石油公司是以签订一年期劳动合同到期后不续签的方式，达到终止无固定期限劳动关系的目的，处于维护弱势劳动者的考虑，最终认定解除劳动关系的行为违法。依据《中华人民共和国劳动合同法》第八十七条规定，用人单位违反本法规定解除或者终止劳动合同的，应当依照本法第四十七条规定的经济补偿标准的二倍向劳动者支付赔偿金，B 石油公司就需要向 A 支付赔偿金。但本案因 B 石油公司与 A 达成调解，仲裁委员会出具调解书结案，未对 B 石油公司解除劳动关系行为违法与否予以认定，故赔偿金的前提条件就不具备了。

（二）律师点评

本案系劳动合同纠纷，按照《中华人民共和国劳动合同法》第三十六条规定，用人单位与劳动者协商一致，可以解除劳动合同；第四十六条规定，用人单位依据第三十六条规定向劳动者提出解除劳动合同并与劳动者协商一致解除劳动合同的，应当向劳动者支付经济补偿。在正常的固定期限劳动合同中，B 石油公司提前一个月通知 A 到期终止劳动关系且支付经济补偿金是完全合法的，但如果本应签订无固定期限劳动合同，却签订固定期限劳动合同就是违法的。本案双方对于为何不签订无固定期限劳动合同反而签订固定期限劳动合同的原因各执一词，且双方均没有确切证据证实自己的主张，选择调解于双方而言不失为明智之举。

三、经验教训

现实中，用人单位不按法律规定与劳动者签订无固定期限劳动合同的情况屡见不鲜。随着法律的普及，劳动者对自身合法权益的认知日渐提高，因此作为相对而言处于优势地位的用人单位而言，不可掉以轻心或心存侥幸，应严格遵守法律，依照法律规定与劳动者签订劳动合同、解除或终止劳动合同关系。当劳动者符合法律规定应签署无固定期限劳动合同之情形时，应主动与劳动者签订无固定期限劳动合同。如劳动者自己提出不签订无固定期限劳动合同，用人单位可以要求劳动者提交书面申请，签字确认系其本人主动自愿不与单位签订无固定期限劳动合同，以此固定证据，避免将来面临仲裁或诉讼时举证不能的法律风险。

签订无固定期限劳动合同有利于保持用工稳定性，减少因频繁更换劳动力而加大用工成本，有利于维护用人单位经济利益。签订无固定期限劳动合同不等于用人单位再无权利解除或终止劳动关系，当符合合同约定或法律规定的情形时，用人单位仍然可以依法行使解除权，故用人单位应摒弃签订无固定期限劳动合同对自身是"终身束缚"这种错误观念。

案例二十七

A、B诉C石油公司劳动人事争议案件和C石油公司诉A、B名誉权纠纷案件

一、基本案情

（一）案件事实经过

A为C石油公司员工，2003年5月被认定为工伤，伤残等级二级，部分护理依赖。B与A系夫妻，B与C石油公司从2007年1月开始签订劳动合同。A受伤后一直由B陪护照料。C石油公司依内部规章制度给A支付2008年至2022年的住院（伙食）补助费，对B全额发放基本工资，不发放绩效奖金。2023年，B与A分别对C石油公司提起劳动仲裁，A要求C石油公司支付治疗伙食补助费23.725万元、治疗期间的营养费65.7万元、从2007年之后每年不低于3000元的奖金、少支付的工资43.2万元；B要求C石油公司支付陪护费46.72万元、奖金12万元、少付工资9万元。仲裁和诉讼期间，A和B多次通过朋友圈、抖音等平台发布不实信息，对C石油公司的名誉造成了不良影响，C石油公司为此对A和B提起名誉权诉讼。

（二）各方观点

A认为，2003年5月其被认定工伤，基本丧失劳动能力，无法参加劳动且需继续治疗，在治疗过程中C石油公司未按法律规定和标准支付相关费用。

B认为，其与A均是C石油公司职工，C石油公司指派B对A进行护理，但C石油公司未按照单位规定支付B护理人员的相关费用和待遇，应予支付。

C石油公司针对A的仲裁请求认为，住院伙食补助费是住院期间的伙食补助费，A主张金额不是住院天数；工伤保险待遇中没有营养费规定，C石油公司已支付A工伤待遇款项；奖金产生的前提是在岗产生绩效，绩效工资是"以绩取酬"，即以实际最终的劳动成果确定员工薪酬，B受伤后未实际提供劳动，不具备发放奖金的条件。

C石油公司针对B的仲裁请求认为，B的陪护行为实际上形成了"自然"做法，B从2007年至2022年以脱产陪护的方式照顾A，"以陪代工"，实际不在岗，C石油公司对其进行了基本工资发放，不存在少发工资的情况；按照C石油公司的奖惩条例及双方的劳动合同，B未达到奖金发放条件，其主张奖金不具有事实依据。

仲裁委员会审理A仲裁案认为，C石油公司已依照公司制度文件规定向A支付了2008年至2022年期间的住院伙食补助费，A对支付情况认可；A对C石油公司2006年7月至2007年8月停发其伙食补助费的主张无法证明停发时间和停发证据；营养费不属于《中华人民共和国劳动争议调解仲裁法》调整范围；A在退出工作岗位后未提供劳动，不再产生绩效，工资发放表不包含奖金类别，A无证据证实C石油公司向其发放过奖金；B作为A的代理人，在庭审中自认A在受伤后少付的工资实为B本人的仲裁请求，B主体不适格。

仲裁委员会审理B仲裁案认为，C石油公司未安排除B外的其他人员进行陪护，已为B报销陪护A外出就医交通费，B系C石油公司安排护理A住院就医的陪护人员，C石油公司应对照公司不同时期的制度文件规定向B支付出差伙食补助费；B未实际在岗工作产生绩效，不属奖金发放对象；B实收工资与C石油公司工资明细表台账中实发工资一致，不存在少发工资情况。

（三）案件审理经过

仲裁委员会分别作出裁决：驳回 A 的全部仲裁请求；C 石油公司支付 B 伙食补助费 39.889 万元。

A 不服裁决提起诉讼，因其未到庭参加诉讼，法院按撤诉处理。C 石油公司不服 B 案裁决提起诉讼，在法院主持下达成调解，于 2024 年 1 月底前一次性给付 B 伙食补助费 34 万余元。

C 石油公司起诉 A、B 名誉权纠纷案，经法院主持双方达成调解，A、B 以书面形式向 C 石油公司赔礼道歉，支付名誉损失 1 元，保证不再实施影响 C 石油公司名誉行为。

二、案例评析

本案涉及两起劳动纠纷和一起名誉权纠纷。A 案争议焦点为 C 石油公司是否欠发有关费用。B 案争议焦点为 C 石油公司是否指派其陪护，应否支付陪护费、奖金、少付工资。名誉纠纷案争议焦点为 A、B 在网络上发布不实信息是否侵犯 C 石油公司名誉，应否赔偿损失。

（一）C 石油公司应否支付 A 工伤治疗期间伙食补助费、营养费、奖金及少支付的工资

A 工伤被评定为二级伤残，部分护理依赖，依照《工伤保险条例》第三十条规定，职工因工作遭受事故伤害或者患职业病进行治疗，享受工伤医疗待遇；第三十五条规定，保留劳动关系，退出工作岗位。

依照《工伤保险条例》第五章工伤保险待遇规定，A 享有工伤待遇包括医疗费、伙食补助费、交通食宿费、停工留薪期间工资、生活护理费、一次性伤残补助金、伤残津贴，但不包括营养费。A 工伤待遇分别由 C 石油公司和工伤保险基金支付。C 石油公司已全额支付 A 伙食补助费和工资。按照内部《全员绩效考核办法》规定，A 为不在岗人员，不

符合发放奖金的对象要求。故C石油公司无须支付A治工伤疗治疗期间伙食补助费、营养费、奖金及其主张少支付的工资。

（二）C石油公司是否指派B陪护，应否支付陪护费、奖金、少付工资

依照C石油公司制度文件规定，"员工因工负伤或患职业病，住院就医的差旅费按以下规定报销……""单位安排人员陪护的，陪护人员差旅费按因公出差标准执行"，B是C石油公司员工，在A受伤后一直陪护，C石油公司认可该事实，故可以认定B系C石油公司指派安排护理A住院就医的陪护人员，C石油公司应对照公司的制度文件规定向B支付出差伙食补助费。

B脱岗陪护A，属不在岗人员，未提供劳动产生绩效，不适用发放奖金的规定。B实际收到工资与C石油公司工资明细表台账中实发工资一致，且已发工资高于双方劳动合同约定工资水平，亦不低于当地最低工资标准，不存在少发工资情况。

故B是C石油公司指派陪护人员，但已无需向B支付陪护费、奖金及少付工资。

（三）A、B在网络上发布不实信息是否侵犯C石油公司名誉，应否赔偿损失

《中华人民共和国民法典》第一千条规定，行为人因侵害人格权承担消除影响、恢复名誉、赔礼道歉等民事责任的，应当与行为的具体方式和造成的影响范围相当，如果行为人拒不承担前述规定的民事责任，人民法院可以采取在报刊、网络等媒体上发布公告或者公布生效裁判文书等方式执行，产生的费用由行为人负担；第一千零二十四条规定，民事主体享有名誉权，任何组织或者个人不得以侮辱、诽谤等方式侵害他人的名誉权、名誉是对民事主体的品德、声望、才能、信用等的社会评价。

C石油公司因A、B在网络上发布不实信息影响其名誉，对其二人提起诉讼，最终在证据面前，A、B与C石油公司达成调解，同意书面赔礼道歉、停止名誉侵权行为并赔偿损失1元。

（四）律师点评

本案A因工伤长期外地就医依法依规享受工伤待遇，B脱岗陪护不能实际工作享受基本工资、差旅报销及伙食补助待遇，因A与B为夫妻且同为C石油公司员工的特殊性，致使两起劳动案件密切关联、案情况复杂，案件处理"牵一发而动全身"，必须全方面、多方位、多角度综合考虑。A、B仲裁理由简单直接，C石油公司举证公司制度文件、工资及工伤待遇发放记录，既有助于仲裁委员会查明案件事实作出正确裁决，又有助于维护自身合法权益。

A和B在社交网络发布不实信息，某种程度上是为了达到自身目的实现，但该行为侵犯C石油公司名誉权，劳动纠纷又引发"次生"名誉权纠纷。网络不是法外之地，正当诉求应依法表达，切记勿以"不法"撞击"合法"。

三、经验教训

通过本案，公司在处理员工特殊关系时，应谨慎对待。对于工伤员工和指派的陪护人员，要严格按照制度规定承担支付工资和相关待遇的责任，同时应将公司制度及时宣传至每一个员工，尤其是未在岗人员，帮助员工清晰公司制度规定，明确自身应有权利及应尽义务。要畅通公司与员工的沟通渠道，引导员工合理合法表达诉求，以免员工通过网络平台制造舆论，给企业施压或误入名誉侵权。如公司确遇员工因劳动争议在网络平台上发布失实信息，给公司名誉造成负面影响，公司可以通过安排专人对员工进行制度解释、情绪疏导、价值引导、法律规定提醒、发送律师函等多种方式劝其停止侵权行为、回归理性方式处理，并采用公证方式予以固定侵权事实证据，及时向有关部门举报，要求删除不实信息、终断传播，遏制事态发展，尽可能维护自身的合法权益。

案例二十八

A诉B石油公司违法解除
劳动合同争议纠纷案件

一、基本案情

（一）案件事实经过

2001年7月，A入职B石油公司。2012年12月，B石油公司书面通知A于12月底交回租住房屋及房屋钥匙。2013年2月，B石油公司印发并实施《员工奖惩暂行办法》。3月，B石油公司再次书面通知A在15日内交还房屋，否则将在每月工资中扣除1000元。2016年7月，B石油公司向A下达《职工调动通知单》，将其分配至某加油站从事营业员工作。A在该通知单上签字，但以身体原因不适合从事调动后工作岗位为由，未到岗工作。2018年4月，B石油公司再次向A下达《职工调动通知单》，将A调到另一加油站从事营业员工作，A仍未到岗工作。

2019年8月，B石油公司登报公告，通知A自公告刊登之日起30日内到公司办理相关手续，逾期未到将按自动解除劳动关系处理。2019年12月，B石油公司作出对A长期旷工的处理决定，报请工会予以开除，工会回函同意对A予以开除处分。2020年8月，登报公告解除劳动合同通知书，解除与A的劳动合同关系。B石油公司给A发放工资至2018年4月，缴纳社会保险和住房公积金至2020年8月。

A对B石油公司提起劳动仲裁，请求裁决：B石油公司继续履行与A的劳动关系；给A补发扣发工资32000元，补发2018年5月至恢复劳动关系期间的工资 2683.37 元／月，支付 2018 年至 2020 年年终奖金 24000 元，2019 年、2020 年采暖费 3225.6 元；补缴 2020 年 9 月至恢复劳动关系期间的社会保险及住房公积金；为其安排身体健康状况能够适应的岗位。

（二）各方观点

A 认为，其于 2001 年 7 月入职 B 石油公司，2016 年 5 月被调离原岗位从事加油工作，上 24 小时休 48 小时，A 因身体原因无法胜任该加油工作，多次向 B 石油公司申请调岗，但 B 石油公司未予安排，致使其从 2016 年 6 月待岗至今；B 石油公司于 2018 年 5 月停发 A 工资，于 2020 年 9 月停止给 A 缴纳社会保险及住房公积金，在未与 A 协商、告知情况下单方终止双方劳动关系，属于违法解除劳动合同；A 一直居住于 B 石油公司所分福利房，B 石油公司应收取房款 28000 元，因 A 资金不足拖欠，B 石油公司从 2013 年 5 月起从 A 工资里每月扣除 1000 元，至 2018 年 4 月已扣除 60000 元，故应返还工资 32000 元。

B 石油公司认为，A 自 2016 年 6 月起至 2020 年 9 月，已旷工四年有余，其行为严重违反公司规章制度，依据公司规章制度及劳动合同法相关规定，公司解除与 A 的劳动关系，已经过职工代表大会审议并报请工会，工会同意后作出解除劳动关系处理决定，解除程序和解除行为均符合法律规定；B 石油公司未以福利房形式将房屋分配给 A，每月 1000 元是 A 应付租金，不应返还；A 请求审理福利分房不属劳动仲裁受案范围；A 不在岗工作，无权要求支付工资和正常享受福利待遇，已领取 2016 年 6 月至 2018 年 4 月不在岗期间的工资属于不当得利，应予以返还。

劳动仲裁委员会认为，B 石油公司无证据证实已对 A 组织培训学习涉及其切身利益的《员工奖惩暂行办法》，依据该文件对 A 作出解除劳动合同处理决定，在知悉 A 的住址及联系方式情况下以登报公告方式送达解除通知，解除行为违法；B 石油公司应继续履行与 A 的劳动关系并安排适合其身体状况的工作岗位，因双方劳动关系存续，依据《中华人民共和国劳动合同法》第三十条及《某地最低工资标准通知》，B 石油公司应付 A 待岗期间工资，补交从 2020 年 9 月至劳动关系存续期间的社会保险；住房公积金不属于劳动受案范围，福利房款无证据证实。

一审法院认为，A 未向 B 石油公司履行请假手续或申请休假，长期不在岗不执行工作任务，其行为属严重旷工行为，B 石油公司以 A 严重违反公司制度解除劳动关系的行为合理合法，双方劳动关系于 2020 年 8 月底解除；2016 年 6 月至 2020 年 8 月底解除劳动关系期间应按最低工资标准计算支付；补发工资 32000 元、支付年终奖和采暖费无事实和法律依据；出具福利房售卖合同及发票或收据非法院受理范围，缴纳社会保险及住房公积金均不属于法院受理范围。

二审法院观点与一审法院基本一致。

（三）案件审理情况

劳动仲裁委员会作出裁决：B 石油公司与 A 劳动关系存续；B 石油公司支付 A 工资 52800 元、补交 2020 年 9 月至劳动关系存续期间的社会保险，具体可补缴险种及金额以社会保险经办机构核定为准。

一审法院判决：B 石油公司与 A 的劳动关系于 2020 年 8 月 31 日解除；B 石油公司向 A 支付工资工资 49280 元；驳回 A 其他诉讼请求；驳回 B 石油公司诉讼请求。二审法院判决：驳回 A 上诉请求，维持一审判决结果。

二、案例评析

本案争议焦点如下。

（一）B 石油公司与 A 劳动关系是否解除，解除是否违法

《中华人民共和国劳动法》第二十五条规定，劳动者有下列情形之

一的，用人单位可以解除劳动合同；（二）严重违反劳动纪律或者用人单位规章制度的；第三十九条第二款规定，劳动者严重违反用人单位规章制度的，用人单位可以解除劳动合同；第四十三条规定，用人单位单方解除劳动合同，应当事先将理由通知工会，用人单位违反法律、行政法规规定或者劳动合同约定的，工会有权要求用人单位纠正，用人单位应当研究工会的意见，并将处理结果书面通知工会。《最高人民法院关于审理劳动争议案件适用法律问题的解释（一）》第四十七条规定，建立了工会组织的用人单位解除劳动合同符合劳动合同法第三十九条、第四十条规定，但未按照劳动合同法第四十三条规定事先通知工会，劳动者以用人单位违法解除劳动合同为由请求用人单位支付赔偿金的，人民法院应予支持，但起诉前用人单位已经补正有关程序的除外。

现行法律对"旷工"未作出明确界定，已失效的《劳动部关于〈企业职工奖惩条例〉有关条款解释问题的复函》规定，旷工是指除有不可抗拒的因素导致职工无法履行请假手续情况外，职工不按规定履行请假手续，又不按时上下班。该规定对旷工的基本定义仍具有借鉴意义。

本案中，A在两次调岗通知单上签字，但未履行请假、休假申请审批手续，长达四年未到岗工作，其行为应属旷工，严重违反了B石油公司制度。B石油公司以A严重违反公司制度为由解除劳动关系，在决定解除前通知工会并取得工会同意，B石油公司将解除通知登报公告，已告知A解除劳动关系，故双方劳动关系已合法解除。

（二）A的工资应如何支付

根据《工资支付暂行规定》第十二条规定，非因劳动者原因造成单位停工、停产在一个工资支付周期内的，用人单位应按劳动合同规定的标准支付劳动者工资；超过一个工资支付周期的，若劳动者提供了正常劳动，则支付给劳动者的劳动报酬不得低于当地的最低工资标准；若劳动者没有提供正常劳动，应按国家有关规定办理。

A 从 2016 年 6 月起未到岗工作，B 石油公司给 A 支付工资至 2018 年 4 月，2020 年 8 月底 B 石油公司与 A 解除劳动关系，故 2018 年 5 月至 2020 年 8 月底期间劳动关系存续，B 石油公司应按最低工资标准支付该期间的工资。

（三）A 要求 B 石油公司支付因福利房被扣的工资、年终奖、采暖费的请求是否成立

《最高人民法院关于适用〈中华人民共和国民事诉讼法〉的解释》第九十条规定，当事人对自己提出的诉讼请求所依据的事实或者反驳对方诉讼请求所依据的事实，应当提供证据加以证明，但法律另有规定的除外。在作出判决前，当事人未能提供证据或者证据不足以证明其事实主张的，由负有举证证明责任的当事人承担不利的后果。

A 在诉讼中未提供关于因福利房被扣的工资、年终奖、采暖费的相关证据，应承担举证不能的法律后果，故该请求不能成立。

（四）补缴社会保险及住房公积金是否属法院受案范围

《中华人民共和国社会保险法》第六十三条规定，用人单位未按时足额缴纳社会保险费的，由社会保险费征收机构责令其限期缴纳或者补足。《社会保险费征缴暂行条例》第十三条规定，缴费单位未按规定缴纳和代扣代缴社会保险费的，由劳动保障行政部门或者税务机关责令限期缴纳。国务院《住房公积金管理条例》第三十八条规定，违反本条例的规定，单位逾期不缴或者少缴住房公积金的，由住房公积金管理中心责令限期缴存；逾期仍不缴存的，可以申请人民法院强制执行。

依据上述规定，补缴社会保险和住房公积金均不属于人民法院受理劳动争议案件的范围。

（五）律师点评

在实践中，劳动者违反用人单位的规章制度，并不必然构成用人单位单方解除劳动合同的理由。通常情况下，用人单位做出解除劳动合

同的决定，是其给予员工处罚的最高形式。用人单位以劳动者违反规章制度为由解除劳动合同，应审查劳动者的行为是否严重违反公司规章制度，给用人单位业务造成严重影响或损失，或者对他人造成严重人身、财产损失。在用人单位规章制度设置了纪律处分类别的情况下，应判断劳动者的行为属于规章制度中的哪一具体情形及其行为后果，同时考量劳动者的工作岗位和职责要求，判定解除劳动合同的合法性。用人单位有义务在其规章制度中明确"应当解除劳动合同"的情形，只有达到劳动者"严重违反"规章制度的程度时，用人单位才能据此行使单方解除权。如果劳动者违反规章制度的行为并未达到规章制度规定的应予解除劳动关系的严重程度，用人单位不能以此为由解除劳动合同。

三、经验教训

通过本案分析，可看出公司存在以下问题：1. 在调整员工岗位遭拒绝、员工长达四年未到岗工作，已严重违反规章制度的情况下，拖延行使解除劳动关系的权利，存在人事管理松散、法律行权、维权意识淡薄；2. 给旷工员工支付工资、缴纳社会保险和住房公积金，未严格执行公司员工薪酬支付管理办法、员工奖惩办法等规章制度；3. 未留存向员工公示已组织员工学习涉及影响员工重大权益的公司规章制度的记录，导致在劳动纠纷中无法提供充分证据，使得公司在仲裁阶段败诉。针对存在的问题，公司应该：1. 重视劳动问题，积极就劳动问题与劳动者进行沟通，协商解决方案或寻求劳动部门帮助；2. 严格按照法律法规及公司规章制度办事，在劳动者严重违反劳动纪律时依照法律程序解除劳动关系；3. 重视合规建设，增强法律意识，明晰自身权利与权益、责任与义务；4. 在与劳动者建立劳动关系后，应将劳动合同、入职资料、日常考勤资料、工资支付和社会保险缴纳纪录、住房公积金缴纳记录、规章制度培训学习记录等各类证据保存完好，以便在诉讼中有效降低败诉风险。

案例二十九

A诉B石油公司因解除劳动合同
支付经济补偿金纠纷案件

一、基本案情

（一）案件事实经过

2000年10月，A到B石油公司工作，2017年1月1日，双方签订了无固定期限劳动合同。工作期间，B石油公司为A缴纳了社会保险费。2022年6月1日，A提出与B石油公司解除劳动关系的申请。双方经协商一致，于2022年7月1日签订了《解除劳动合同补偿协议书》，约定解除劳动合同时间为2022年6月30日，B石油公司支付A经济补偿金16万元。解除劳动合同前，A为某加油站站长，月工资8000元至9000元。

2022年6月27日，A因酒驾被查。8月1日，某检察院对A提起公诉，8月4日某法院判决A犯危险驾驶罪，判处拘役一个月，缓刑两个月，并处罚金2000元。

2022年10月，A对B石油公司提起劳动仲裁申请，要求裁决B石油公司向其支付经济补偿金16万元。B石油公司提出反仲裁请求申请，要求撤销B石油公司与A签订的《解除劳动合同补偿协议书》。

（二）各方观点

B石油公司认为，其与A于2022年7月1日签订了《解除劳动合同补偿协议书》，约定解除劳动合同的日期为2022年6月30日；协议签订后，B石油公司收到某检察院作出的《机关事业企业单位工作人员被提起公诉情况告知书》，告知 A 于 2022 年 6 月 27 日因酒驾涉嫌刑事犯罪，依照《中华人民共和国劳动合同法》第三十九条第六项"被依法追究刑事责任的"法律规定及双方签订的劳动合同第二十六条第六项"被依法追究刑事责任的"约定，A 在提出解除劳动合同前已涉嫌刑事犯罪，其要求解除劳动合同的实际情况不符合《中华人民共和国劳动合同法》第三十六条"用人单位与劳动者协商一致，可以解除劳动合同"的情形；B 石油公司在与 A 协商并签订《解除劳动合同补充协议书》过程中，并不掌握 A 涉嫌刑事犯罪情况，该《解除劳动合同补偿协议书》系在 A 隐瞒其涉嫌犯罪的情况下，以欺诈手段使 B 石油公司在违背真实意思表示的情况下与其签订，依法应属于无效协议，故应撤销《解除劳动合同补偿协议书》。

A 认为，其于 2020 年 6 月 1 日向 B 石油公司申请解除劳动合同，是按照 B 石油公司内部发布文件和公司内部会议号召，满 50 周岁的站长可以申请解除劳动关系，双方于 2022 年 7 月 1 日签订《解除劳动合同补偿协议书》是双方真实意思表示，并不存在欺诈胁迫的情形，A 申请解除劳动关系时未发生违法行为，签订协议时违法行为也未被确定为是犯罪行为，8 月 4 日法院才判决 A 构成危险驾驶罪，A 不存在欺诈行为，B 石油公司以 A 有欺诈行为为由要求撤销《解除劳动合同补偿协议书》无事实和法律依据，B 石油公司接到判决之日双方早已解除劳动关系，A 的驾驶行为未给 B 石油公司造成不良影响，其要求不承担补偿金是错误的。

仲裁委员会认为，A 于 2022 年 6 月 1 日向 B 石油公司提出协商解除劳动合同申请是由于个人身体原因，B 石油公司同意了 A 提出的解除劳动合同关系申请，双方在 2022 年 7 月 1 日签订的《解除劳动合同补偿协议书》已约定 B 石油公司向 A 支付经济补偿金 16 万元，该《解除劳动合同补偿协议书》经双方当事人签字生效，A 主张 B 石油公司支付经济补偿金 16 万元，符合劳动合同法相关规定；B 石油公司未提供确凿证据证实 A 提交解除劳动关系申请书的日期不是 2022 年 6 月 1 日；A 主张 B 石油公司支付 2022 年 7 月 1 日起至付清之日止期间的利息，不属于仲裁受理范围。

一审法院认为，A 申请解除劳动关系时间为 2022 年 6 月 1 日，签订《解除劳动合同补偿协议书》时间为 2022 年 7 月 1 日，A 被人民法院判为危险驾驶罪时间为 2022 年 8 月 4 日，《中华人民共和国刑事诉讼法》第十二条规定，"未经人民法院依法判决，对任何人都不得确定有罪"，故双方签订《解除劳动合同补偿协议书》时 A 尚未被法院宣判确定有罪，即不存在 B 石油公司所述存在欺诈行为，补偿协议系双方根据真实意思表示，内容亦符合法律、法规的相关规定，对双方具有约束力，双方应依约执行。

二审法院经审理同意原审法院观点。

（三）案件审理情况

劳动仲裁委员会作出仲裁裁决：B 石油公司于裁决书生效之日起 30 日内向 A 支付经济补偿金 16 万元，驳回 B 石油公司的仲裁请求。一审法院判决：B 石油公司于判决生效之日起十日内给付 A 经济补偿金 16 万元，驳回其他诉讼请求。二审判决：驳回 B 石油公司上诉，维持原审判决。

二、案例评析

本案争议焦点为 B 石油公司应否给付 A 经济补偿金 16 万元。

（一）B 石油公司应否给付 A 经济补偿金 16 万元

A 在 2022 年 6 月 1 日以响应 B 石油公司号召"满 50 周岁的站长可以申请解除劳动关系"为由，向 B 石油公司提出了解除劳动关系申请，于 7 月 1 日签订解除劳动合同协议，A 提前 30 日申请解除劳动关系符合劳动法第三十一条"劳动者解除劳动合同的，应当提前三十日以书面形式通知用人单位"和劳动合同法第三十七条"劳动者提前三十日以书面形式通知用人单位，可以解除劳动合同"的规定。B 石油公司内部应有对解除劳动关系的申请审批流程制度规定，故在 7 月 1 日签订《解除劳动合同补偿协议书》时明确解除劳动关系时间为 6 月 30 日，这完全符合先申请再审批后签订协议的公司人事管理流程和制度。6 月 27 日醉驾事实发生，是在 A 提交解除劳动关系申请后，不可能成为其申请解除劳动关系时隐瞒的理由，故 B 石油公司主张 A 故意隐瞒犯罪事实签订该协议不能成立。刑事诉讼法第十二条规定，"未经人民法院依法判决，对任何人都不得确定有罪"，签订《解除劳动合同补偿协议书》时法院还未判决 A 构成犯罪，故 A 依法不属于犯罪人员。该补偿协议是双方协商一致后签订的，真实有效，各方应予履行协议约定，B 石油公司应向 A 支付经济补偿金。

（二）律师点评

民法典第四百九十条规定，当事人采用合同书形式订立合同的，自当事人均签名、盖章或者按指印时合同成立。《最高人民法院关于审理劳动争议案件适用法律问题的解释（一）》第三十五条规定，劳动者与用人单位就解除或者终止劳动合同办理相关手续、支付工资报酬、加班费、经济补偿或者赔偿金等达成的协议，不违反法律、行政法规的强制性规定，且不存在欺诈、胁迫或者乘人之危情形的，应当认定有效。

据此规定，B 石油公司与 A 协商后，双方签订了《解除劳动合同补偿协议书》，约定向其支付经济补偿金，就应该履行支付经济补偿金的合同义务。B 石油公司提出 A 隐瞒犯罪事实签订解除劳动合同补偿协议，鉴于 A 申请解除在前、涉嫌犯罪在后，签订解除协议时未被法院判定有罪，B 石油公司的主张难以被采纳，其未予支付经济补偿金构成合同违约。仲裁裁决结果和法院判决结果均正确。

三、经验教训

公司在劳动者主动提出解除劳动关系与之签订解除劳动合同关系协议书前，可以要求劳动者以书面形式陈述其工作期间内容、奖惩情况、有无违法犯罪行为、解除劳动关系原因或理由，以此了解劳动者解除劳动关系前的情况，并对其进行调研分析以确定其是否具备签订解除劳动合同应支付经济补偿金的条件。在签订解除劳动关系协议书时，详细明确解除事由、解除时间、经济补偿数额、待遇结算日等，并且应将解除劳动合同理由提前通知工会。作为劳动合同的后合同义务，用人单位应当在解除或者终止劳动合同时出具解除或者终止劳动合同的证明，在办结工作交接时支付经济补偿，并在十五日内为劳动者办理档案和社会保险关系转移手续等。

公司应加强对劳动相关合同的管理，规范合同签订的审批流程，加强员工法制教育，提高员工遵法守法意识，有效组织全员特别是基层员工学习培训《通用法律禁止性、强制性规范指引》，使员工掌握岗位涉及的法律禁止性、强制性规范要求，将其作为日常业务活动的重要守则，切实增强合规意识，养成合规自觉。

案例三十

A 诉 B 石油公司、C 劳务合同纠纷案件

一、基本案情

（一）案件事实经过

2005 年，B 石油公司与 D 签订加油站资产租赁合同，租赁加油站的部分资产和经营权，租期十年。A 在加油站房内居住多年。

2022 年，A 将 B 石油公司列为被告，将 C 为列第三人，诉至法院，要求 B 石油公司给付 A 劳动报酬 210220 元，B 石油公司自 2022 年 3 月起每月按某地最低工资标准给付劳动报酬至案件实际执行完毕之日止。

（二）各方观点

A 认为，经 C 介绍，A 从 2006 年元月开始为 B 石油公司看护其租赁的加油站，按照当时口头约定，A 依约完成了自己的工作内容，全面履行了自己的义务，B 石油公司应依约给付劳动报酬；双方当时约定的工资标准低于某地最低工资标准，B 石油公司应以某地不同时间段的最低工资标准给付 A 从 2006 年元月以来的劳动报酬。

B 石油公司认为，A 的诉请已超过诉讼时效，B 石油公司未雇佣 A 看护房屋，也未委托 C 雇佣 A，B 石油公司与 A 未签订过书面劳务合同，未有口头约定或承诺，对 A 的诉讼请求及事实理由不予认可。

C 未到庭参加诉讼发表意见。

法院认为，当事人对自己提出的诉讼请求所依据的事实或反驳对方诉讼请求所依据的事实，应当提供证据加以证明。A 诉请 B 石油公司支付劳动报酬，应当举证证明其与 B 石油公司之间形成了雇佣关系，A 提

供的证据不足以证明 B 石油公司雇佣其对加油站房屋和设备进行看护。

（三）案件审理情况

法院判决：驳回 A 的诉讼请求。双方当事人均未提出上诉，该判决已生效。

二、案例评析

本案是劳务合同纠纷，争议焦点为 B 石油公司应否支付 A 劳动报酬。

（一）B 石油公司应否支付 A 劳动报酬

民事诉讼法第六十七条规定，当事人对自己提出的主张，有责任提供证据；第六十八条规定，当事人对自己提出的主张应当及时提供证据。《最高人民法院关于适用〈中华人民共和国民事诉讼法〉的解释》第九十条规定，当事人对自己提出的诉讼请求所依据的事实或者反驳对方诉讼请求所依据的事实，应当提供证据加以证明，但法律另有规定的除外，在作出判决前，当事人未能提供证据或者证据不足以证明其事实主张的，由负有举证证明责任的当事人承担不利的后果；第九十一条规定，人民法院应当依照下列原则确定举证证明责任的承担，但法律另有规定的除外：（一）主张法律关系存在的当事人，应当对产生该法律关系的基本事实承担举证证明责任。

本案中，A 主张与 B 石油公司存在雇佣关系，要求 B 石油公司向其支付劳动报酬，依照上述法律规定，A 对其与 B 石油公司之间存在雇佣关系及 B 石油公司欠付其劳动报酬这两项事实负有举证责任。A 在诉讼中陈述经 C 介绍后受 B 石油公司雇佣看护加油站房屋和设备，但 C 未到庭参加诉讼，A 不能举证双方之间签订过劳务合同或雇佣合同，口头约定亦没有相关证据证实。A 提供村委会证明的证明内容非村委会职权范围，证人证言与其本人陈述矛盾，提供的照片和视频光盘仅能证明其在加油站居住，不能证明 A 是在对加油站进行看护，更不能直接证实与 B 石油公司存在雇佣关系，且 A 提供的证据不能形成完整证据链条，故 A 对主张与 B 石油公司存在雇佣关系应承担举证不能的法律后果。

劳动报酬支付的前提是双方之间存在劳务关系，且 B 石油公司确实欠付劳动报酬，因 A 举证不能、无法证实，故 B 石油公司无须支付 A 劳动报酬。

（二）律师点评

事实的认定是由证据决定的，欲打官司，证据是王道，有证据才能走遍天下，故到法院诉讼一定要提供证据、准备充分的证据，并在法庭上出示证据。民事诉讼法第六十七条第一款"当事人对自己提出的主张，有责任提供证据"的规定，确立了我国民事诉讼"谁主张，谁举证"的一般举证原则，法律也有举证责任倒置等特殊举证规定，但本案不属于特殊举证情形。A 的主张没有证据证实，必定承担败诉的后果。法院作出的认定和判决完全正确。

三、经验教训

分析本案，A 之所以对 B 石油公司提起诉讼，除了 A 自认为其长期在加油站居住是为 B 石油公司看护租赁资产外，最重要的是 B 石油公司存在管理上的漏洞，给了 A 可乘之机。B 石油公司租赁加油站后，短暂经营使用后不再经营，但未及时解除合同返还租赁物，且长期未对租赁加油站现场的人员情况进行监督管理，对非工作人员予以清理，导致 A 在未经 B 石油公司雇佣或允许的情况下在加油站长期居住，既有租赁标的物毁损灭失的隐患，又有人员人身安全的隐患。通过本案，A 在诉讼过程中的举证、法院的认定及 A 败诉的结果，公司应该加强对租赁加油站人员的管理，也要提升对诉讼案件证据重要性的认知。在日常公司经营管理中，做好包括管理制度的制定实施、各类业务的合同签订、对外投资、工程项目、人事管理、财务等各个方面文件材料收集、整理、归档保存的工作，尤其在发生争议时，保存好沟通协商过程所形成的往来函件、电话录音、微信或邮件传输内容等证据，凡事留痕，以便于在诉讼中对主张或陈述的事实有证可证。

案例三十一

A 诉 B 石油公司"确认劳动关系"纠纷案件

一、基本案情

（一）案件事实经过

C 公司是 B 公司的子公司，A 在 1992 年 5 月至 1999 年 2 月在 C 公司工作，工资由 C 公司以现金方式发放。2000 年 6 月 9 日，C 公司被法院宣告破产，并于 2002 年 1 月 20 日由法院向工商局发出通知，要求对 C 公司进行工商登记的注销手续，C 公司的职工按照职工自愿、上级帮助、维护职工利益的原则，以返聘合同形式在城乡加油站就业。A 于 1999 年 11 月至 2002 年 4 月在 B 石油公司从事加油员工作。

A 于 2024 年向劳动仲裁委员会分别提起仲裁请求，要求确认 A 与 B 石油公司在 1992 年 5 月至 1999 年 2 月存在劳动关系；确认 1999 年 11 月至 2002 年 4 月期间存在劳动关系。后 A 不服仲裁委员会的裁决，向法院提起诉讼。

（二）各方观点

A 认为，A 自 1992 年 5 月至 1999 年 2 月在 C 公司工作，C 公司破产，职工由 B 石油公司接受，A 与 B 石油公司存在劳动关系；A 自 1999 年 11 月至 2002 年 4 月在 B 石油公司工作，B 石油公司收取了 A 的上岗抵押金，双方虽未签订劳动合同，但 A 从事的工作是 B 石油公司的主营业务工作，B 石油公司也按月向 A 发放工资，双方之间存在事实劳动关系。

B 石油公司认为，1992 年 5 月至 1999 年 2 月期间，A 是在 C 公司工作，C 公司虽然是 B 石油公司的子公司，但是 C 公司是独立法人，依法独立承担民事责任，A 与 C 公司存在劳动关系，并不意味着与 B 石油公司存在劳动关系；A 确实于 1999 年 11 月至 2002 年 4 月在 B 石油公司工作。

双方之间的主要争议事项为 1992 年 5 月至 1999 年 5 月双方之间是否存在劳动关系。

劳动仲裁委员会认为，依据法律规定，劳动争议申请仲裁的时效期间为 60 天，A 的仲裁请求已经超过申请仲裁时效。

法院认为，C 公司是独立法人，独立承担民事责任，A 在 C 公司工作并不能证明其与 B 石油公司存在劳动关系；A 在 1999 年 11 月至 2002 年 4 月期间于 B 石油公司工作，双方之间存在劳动关系。

（三）案件审理情况

劳动仲裁委驳回了 A 的仲裁请求。

法院驳回了确认 1992 年 5 月至 1999 年 2 月存在劳动关系的诉讼请求，支持了确认 1999 年 11 月至 2002 年 4 月存在劳动关系的诉讼请求。

二、案例评析

本案主要的争议焦点为 A 和 B 石油公司在 1992 年 5 月至 1999 年 2 月是否存在劳动关系。

（一）A 和 B 石油公司在该时间是否存在劳动关系

A 于 1992 年 5 月至 1999 年 2 月期间在 C 公司工作，由 C 公司发放工资，双方之间存在劳动关系。C 公司是 B 石油公司的子公司，即 C 公司是独立法人，独自承担民事责任。C 公司于 2000 年被宣告破产，并按照法律规定进行了债权债务的清算，C 公司的职工按照职工自愿、上级帮助、维护职工利益的原则，以返聘形式在城乡加油站就业，B 石油公司并未承接 C 公司的相关权利义务。因此，在 1992 年 5 月至 1999 年 2 月期间，A 是与 C 公司存在劳动关系，而不是与 B 石油公司存在劳动关系。

（二）律师点评

依据《中华人民共和国公司法》第十三条"公司可以设立子公司。子公司具有法人资格，依法独立承担民事责任"的规定，C 公司虽然是 B 石油公司的子公司，但是具有法人资格，依法独立承担民事责任，子公司破产注销并不意味着其权利义务由上级公司承接，上级公司只是子公司的股东，股东只以其出资额为限对子公司承担责任。在本案中，A 显然将子公司和分公司进行了混淆，依据《中华人民共和国公司法》第十三条"公司可以设立分公司。分公司不具有法人资格，其民事责任由公司承担"的规定，分公司不具有法人资格，不能独立承担民事责任，其民事责任由上级公司承担。

三、经验教训

本案中，B 石油公司在 1999 年 11 月至 2002 年 4 月期间，并未与 A 签订劳动合同，这显然不符合法律规定，也不符合维护公司和职工的利益，因未签订劳动合同，所以 A 起诉确认与 B 石油公司之间存在劳动关系。依据《中华人民共和国劳动合同法》第十条"建立劳动关系，应当订立书面劳动合同。已建立劳动关系，未同时订立书面劳动合同的，应当自用工之日起一个月内订立书面劳动合同"的规定，建立劳动关系，需要订立书面劳动合同。依据《中华人民共和国劳动合同法》第十四条"用人单位自用工之日起满一年不与劳动者订立书面劳动合同的，视为用人单位与劳动者已订立无固定期限劳动合同"，第八十二条"用人单位自用工之日起超过一个月不满一年未与劳动者订立书面劳动合同的，应当向劳动者每月支付二倍的工资。用人单位违反本法规定不与劳动者订立无固定期限劳动合同的，自应当订立无固定期限劳动合同之日起向劳动者每月支付二倍的工资"的规定，企业不与职工签订书面劳动合同不仅违反法律规定，还有可能与职工签订无固定期限劳动合同并支付双倍工资。因此，应建立完善的人力资源管理制度和规章制度，从源头上预防争议的产生。

在本案中，B石油公司在翻找档案确认A确实于1999年11月至2002年4月期间在B石油公司工作的事实后，对于此期间确认劳动关系存在的事实果断予以认可，该行为不仅还原了事实，还维护了A的合法权益。因此，企业在处理劳动争议的时候，首先要按照法律和制度要求，依法处理和解决劳动争议；其次要完善内部处理机制，建立多方面参与、公正公开的处理流程；最后企业要尊重员工的合法权益，使员工在处理劳动争议过程中，感受到对自身权利的尊重，从而能够维护劳动和谐关系。

案例三十二

A 诉 B 石油公司、C 石油公司 "克扣工资"劳动争议纠纷案件

一、基本案情

（一）案件事实经过

A 于 1980 年参加工作，具体工作地点位于 B 石油公司某处加油站。C 石油公司为某集团公司在内蒙古设立的分公司，B 石油公司为该集团公司在呼和浩特地区设立的分公司，集团公司实行一级法人，分级管理体制，B 石油公司受 C 石油公司管理。A 认为 B 石油公司、C 石油公司不执行集团公司制度，导致克扣其工龄工资、误餐费、保健费、健康疗养费共计 16 万元，2014 年向劳动仲裁委员会提起仲裁，在劳动仲裁委员会不支持后，向法院提起诉讼。

（二）各方观点

A 认为，集团公司实行一级法人分级管理制度，集团公司是企业法人单位，同时是集团各企业及事业单位的工资总额计划划拨单位，B 石油公司是集团公司的全资公司，是内蒙古地区工资总额的管理调节单位及制度执行单位，B 石油公司是 C 石油公司下属单位，是具体用人单位。A 还认为 C 石油公司利用自身的信息垄断、管理垄断和系统的分级管理地位随意更改或不执行集团公司统一的工资项目和标准，没有将集团公司已经如数拨付的工资总额按统一的工资项目、标准如数发放到职工手里，形成对职工工资的克扣和拖欠。

B 石油公司认为，集团公司施行工资总量调控，下属企业按照工资

总额与经济效益相联系的原则来自行确定企业内部的各项分配制度，B石油公司已经根据上级主管单位C石油公司的工资管理相关制度，制定了自己的制度，足额发放工资，不存在克扣的情况。

C石油公司认为，C石油公司作为被告主体不适格，集团公司实行一级法人分级管理的模式，集团公司的制度对B石油公司、C石油公司没有约束力，B石油公司已经足额向A发放了工资，不存在克扣的情况。

（三）案件审理情况

在A与B石油公司劳动仲裁案件中，劳动仲裁委员会驳回了A的全部仲裁请求，A不服，向法院提起诉讼。诉讼阶段，A自述其找到了与C石油公司签订的《劳动合同书》，故又撤诉。后又以C石油公司为用人单位，向劳动仲裁委员会基于同一仲裁请求提起仲裁，劳动仲裁委员会以用人单位主体不适格为由不予受理，后A向法院提起诉讼，被法院驳回起诉。

二、案例评析

本案为劳动争议案件，案件的起因是A对B石油公司、C石油公司及上级集团公司工资制度的错误理解，该案件涉及以下两个重要方面的认定内容。

（一）A的用人单位是B石油公司还是C石油公司

A先是以向其发放工资、缴纳社保的B石油公司为用人单位提起仲裁、诉讼，后撤诉，又以C石油公司为用人单位提起仲裁、诉讼，那么A在劳动法意义上的用人单位究竟是B石油公司还是C石油公司？A认为，只有集团公司才有法人资格，C石油公司仅是用工单位，B石油公司是用人单位，并提供了一份A、B石油公司签字和盖章的劳动合同书复印件。B石油公司在仲裁阶段没有否认其与A之间的劳动用工关系，

C石油公司则认为A的用人单位是B石油公司，因B石油公司实际向A发放工资，A也在B石油公司某处加油站工作，受B石油公司的用工管理，分公司具备用工主体资格。根据《劳动合同法实施条例》第四条"劳动合同法规定的用人单位设立的分支机构，依法取得营业执照或者登记证书的，可以作为用人单位与劳动者订立劳动合同"的规定，案件中的B石油公司是依法领取了营业执照的分支机构，所以在A第一次仲裁时，主张B石油公司为用人单位情况下，劳动仲裁委员会依法认定B石油公司为其用人单位，具有事实和法律的充分依据。

然而，A撤诉后又以C石油公司提请仲裁、诉讼，反而是弄巧成拙，让案件的审理有了戏曲性的变化，法院无须再深入审查A究竟与B、C哪家石油公司构成劳动关系。因根据《最高人民法院关于人民法院对经劳动争议仲裁裁决的纠纷准予撤诉或驳回起诉后劳动争议仲裁裁决从何时起生效的解释》第一条规定："当事人不服劳动争议仲裁裁决向人民法院起诉后又申请撤诉，经人民法院审查准予撤诉的，原仲裁裁决自人民法院裁定送达当事人之日起发生法律效力"，生效的劳动仲裁裁决书已经对此劳动关系进行了确认，法院无须再认定，否则就与生效法律文书内容相悖。

（二）B石油公司、C石油公司是否不执行集团公司的工资制度，导致A的工资被克扣

集团公司实行一级法人分级管理体系，集团公司的文件对A没有约束力；集团公司实行工资总量调控，下属企业按照工资总额与经济效益相联系的原则来自行确定企业内部的各项分配制度，B石油公司、C石油公司根据自己的实际情况，自行制定了适用于各自公司的文件。而且，劳动法第四十七条规定"用人单位根据本单位的生产经营特点和经济效益，依法自主确定本单位的工资分配方式和工资水平"，第四十八条第二款规定"用人单位支付劳动者的工资不得低于当地最低工

资标准"。所以，一级法人分级管理，仅是集团公司内部的管理方式，集团公司、B 石油公司、C 石油公司均是劳动法规定的用人单位，均可以自行制定适用于自身的各项规章制度和文件，不存在不执行集团公司工资制度的情况。最终，集团公司、B 石油公司、C 石油公司形成自上而下的三级工资管理制度文件，明确、合规、合法，让 A 所谓"B 石油公司、C 石油公司不执行集团公司的工资制度"的说法不能获得法院的支持。

（三）律师点评

本案中，A 一直不明白自己在劳动法上的用人单位是谁，先后与某集团公司下设的分公司 B 石油公司、C 石油公司进行仲裁、诉讼，A 实际工作地点位于 B 石油公司的某加油站，工资、社保由 B 石油公司发放，与 B 石油公司形成事实劳动关系。但是在庭审中，A 举证其与 C 石油公司签订的劳动合同复印件，此时出现签订劳动合同的用人单位与形成事实劳动关系的用人单位不一致，此时如何判定 A 的用人单位呢？本案法院没有对这一问题实质认定。实务中，仅有在劳务派遣的情况下，劳动者的用人单位和用工单位出现分离，而本案中 B 石油公司、C 石油公司在管理上属于上下级关系，在法律上同属于集团公司下设的分公司，也均具有劳动法意义上的用工主体资格，这一问题的出现折射出公司在劳动合同管理方面的漏洞。

三、经验教训

（一）规范劳动合同签订时间、主体、内容，防范法律风险

在本案中，与 A 实际产生劳动关系的是 B 石油公司，但是 A 举证拿出了与 C 石油公司签订的劳动合同，显然在签订劳动合同等人事制度存在混乱的情况。因此，要规范人事制度，签订劳动合同时要明确主体、时间及内容等，以免出现用工不明，导致产生法律纠纷。

（二）健全公司管理制度，重视公司制度制定的合法、合理，以及关注职工切身利益事项，需经职工代表大会同意等程序要件

在本案中，显然B石油公司和C石油公司因同属一家集团公司和上下级的关系，在管理上出现混乱，导致A混淆自己的用人单位，且因未向职工解释清楚类似工资等事关切身利益的事项，导致A认为B石油公司和C石油公司克扣其工资。因此，在日常经营管理当中，要健全公司管理制度，不要混淆彼工作与此工作，重视公司制度制定的合法、合理，要将公司的相关制度，特别是事关职工切身利益的制度经职工代表大会同意并详细宣传解释给职工本人，让其能够理解制度内容。

（三）人事工作中加强对于老职工、离退休人员的人事教育、关心，避免群体性事件的发生

在本案中，A为B石油公司的老员工，要是本案处理不当，很可能会引发群体性事件，不仅不利于企业的良好经营，还不利于社会的稳定。因此，在人事工作中，不能对老员工、离退休人员不管不问，要加强对于老员工、离退休人员的人事教育、关心，使其能够理解公司的相关制度和对其的关怀，避免群体性事件的发生。

第三篇

侵权纠纷案件

案例三十三

A 等人诉 B 石油公司、C 公司触电人身损害责任纠纷，C 公司诉 B 石油公司供用电合同纠纷案件

一、基本案情

（一）案件事实经过

2019 年 8 月 11 日下午 2 点左右，李某某和王某某在某村村道路基上钓鱼，钓鱼地点为路基上自然形成的水面，李某某的钓鱼设备触碰高压线后，李某某触电死亡。李某某触电的线路为 10 千伏高压线路，此高压线路是 B 石油公司于 2004 年加油站建成时架构并投入运营的，C 公司负责输送电力。2017 年，B 石油公司和 C 公司签订高压供用电合同，约定产权范围和各自应承担的法律责任。事故发生地点于建村时修建，2011 年修建为水泥路，高压线路跨越道路，线路及电杆上未设立警示标识，线路于地面垂直距离为 5.45 米，未达相关标准 7 米。

死者李某某的近亲属 A 等五人起诉 B 石油公司、C 公司承担赔偿责任。

C 公司诉 B 石油公司，要求其赔偿因触电人身损害造成的损失。

（二）各方观点

A 等人认为，高压线路为 B 石油公司所有，B 石油公司应承担无过错责任；C 公司为高压线路的经营者、管理者，未尽到管理责任，也应承担无过错责任。

B 石油公司认为，高压线路虽然是 B 石油公司所有，但导致李某某死亡的是高压电流，而不是线路；事故发生地并不是河流、鱼塘等地附近，B 石油公司不必然预见危险，不具有法定及约定的审慎义务；C 公司作为经营者应承担无过错责任；死者李某某本身也存在重大过错，应承担相应责任。

C 公司认为，案涉线路为 B 石油公司所有，是 B 石油公司自营，C 公司未运营，与 C 公司无关；案涉线路是否符合相关标准应由 B 石油公司负责；本案应适用过错责任原则，死者李某某自身存在过错，应承担相应责任。

本案主要争议事项为 B 石油公司、C 公司是否应承担赔偿责任。

法院认为，B 石油公司作为产权人应承担运行管理维护责任，未采取妥善的安全保护措施并尽到充分的警示、提醒义务，应承担赔偿责任；C 公司作为输送电力获取利润的企业，未提供检验合格后才输送电力的证据，对高压线路不符合标准有过错，应承担赔偿责任；死者李某某疏忽大意，对损害结果有重大过失，应减轻 B 石油公司和 C 公司的赔偿责任。

（三）案件审理情况

在触电人身损害案件中，一审法院判决 B 石油公司承担 40% 的责任，C 公司承担 20% 的责任；二审法院维持了一审判决；高级人民法院驳回了 B 石油公司的再审请求。

在供用电合同纠纷案件中，一审法院驳回了 C 公司的诉讼请求，二审法院维持了一审判决。

二、案例评析

本案的主要争议焦点为 B 石油公司和 C 公司是否应承担赔偿责任，赔偿责任比例是否正确，C 公司可否主张 B 石油公司向其承担赔偿损失的责任。

（一）B 石油公司和 C 公司是否应承担赔偿责任

《中华人民共和国民法典》第一千二百四十条规定，"从事高空、高压、地下挖掘活动或者使用高速轨道运输工具造成他人损害的，经营者应当承担侵权责任；但是，能够证明损害是因受害人故意或者不可抗力造成的，不承担责任。被侵权人对损害的发生有重大过失的，可以减轻经营者的责任。"

在本案中，B 石油公司是供电线路的产权人，是利用电力设施使用高压电进行生产经营的用电单位，属于经营者的范围。C 公司是利用电力设施输送高压电获取利润的企业，也属于经营者的范围。B 石油公司作为产权人，应承担用电设施的管理维护运行责任，未采取妥善的安全保护措施并尽到充分的警示、提醒义务，应承担赔偿责任。

C 公司作为供电企业，依据《供电营业规则》第四十七条的规定，供电企业在接到用户的受电装置竣工报告及检验申请后，应及时组织检验，对检验不合格的，供电企业应以书面形式一次性通知用户整改，整改后方予以再次检验，直至合格。即作为供电企业，必须在相关条件检验合格后才能供电，案涉线路不符合相关标准，C 公司未能提供证据证明是在检验合格后才供电，应承担举证不利的责任。对于线路不符合相关标准，C 公司存在过错，应承担赔偿责任。

（二）各赔偿主体责任比例分配是否正确

在本案中，死者李某某是完全民事行为能力人，在钓鱼抛掷鱼竿时，存在疏忽大意的重大过失，依据《中华人民共和国民法典》第一千二百四十条规定，应当减轻经营者的赔偿责任；第一千一百六十五条规定"行为人因过错侵害他人民事权益造成损害的，应当承担侵权责任"，B 石油公司和 C 公司对于李某某的死亡结果均有过错，应承担过错责任。B 石油公司和 C 公司也未能提供证据证明本案存在不可抗力或死者李某某存在故意的情况，因此应按照过错责任比例承担赔偿责任。

《中华人民共和国民法典》第一千一百七十二条规定，"二人以上分别实施侵权行为造成同一损害，能够确定责任大小的，各自承担相应的责任；难以确定责任大小的，平均承担责任。"在本案中，死者李某某存在重大过失，因此法院减轻B石油公司和C公司的赔偿责任，符合法律规定，也符合日常形成的情理。B石油公司作为线路的产权人，在日常管理运营中未尽到充分警示、提醒义务，因此承担40%的赔偿责任，符合法律规定。C公司对于高压线路未符合相关标准有过错，因此承担20%的赔偿责任，也符合法律规定。

（三）C公司能否主张B石油公司承担赔偿损失的责任

C公司能否主张B石油公司承担赔偿责任，问题的核心是C公司能否根据双方签订的供用电合同对触电人身损害纠纷免责。从形式上看，双方签订供用电合同，案涉线路为B石油公司所有，双方在合同中约定该线路由产权人负责，即案涉线路由B石油公司负责，因而应由B石油公司承担责任。但是从实质上看，C公司是输送高压电进行盈利的企业，是输电活动的参与者，也是实际经营者，对案涉线路未进行维护管理，依据《中华人民共和国电力法》第十九条"电力企业应当对电力设施定期进行检修和维护，保证其正常运行"的规定，C公司未定期进行检修和维护，未能及时发现问题，采取措施，属于不作为的失职，应对案涉触电事故承担相应责任，而不能根据与B石油公司签订的供用电合同要求B石油公司赔偿损失。

（四）律师点评

早在《周易》里就记载"安全无小事，防患于未然，无危则安，无损则全。"企业在日常管理中，可能会忽略一些细节，比如本案中未设立警示标志等，为安全问题埋下了隐患，本案的触电人身损害大多数时候会被认为是小概率事件，但一旦这类"小概率事件"发生，就会给企业带来经济损失，还会影响企业整体形象。A石油公司是国企，而国企并不是只看公司效益的企业，还承担着一定的社会责任，对我们整个国家、整个地区的经济生活起着至关重要的作用，因此要时刻牢记"安全无小事"，将安全理念和责任意识深植于心。

三、经验教训

在本案中，B石油公司日常工作存在疏忽大意的情况，应在日常管理中，对于涉及安全事项一定要谨慎，仔细核查，建立具体责任机制，要做好安全隐患的排查和分级管控。

（一）安全无小事，建立具体责任机制，做好安全隐患的排查

在本案中，B石油公司就是在日常工作中，忽略了安全上的细节问题，未合理放置设备并设置警示标志，导致最后承担责任。因此，要加强"安全无小事、责任大于天"的观念，对涉及安全的事项，要建立具体责任机制，做好安全隐患的排查和分级管控。

（二）加强对合同相对人的风险管控，发现问题及时沟通

B石油公司未能及时发现高压线路不符合相关标准，也未能与C公司及时沟通线路问题。在日常管理维护当中，要及时发现问题，发现问题要及时与合同相对人等相关责任人员沟通，将风险化解在萌芽状态。即便是发现产权范围外但用于我方供电等设施有不符合标准的情况，也要敦促相关责任方及时维护。

（三）提高经营管理人员安全意识、法治意识，对安全事项要形成闭环考核

B石油公司是大型国有企业，其承担的不只是日常的企业效益问题，也要考虑社会效益问题。B石油公司高压线路导致村民触电死亡显然会造成很大的负面影响，损害企业形象。因此，在企业经营中，经营者、管理人员等一定要提高安全意识、法治意识，特别是涉及安全问题，一定要层层把关，将审查工作落到实处，要时刻将安全问题放在心上，形成"谁负责，谁担责"的责任制约机制。

案例三十四

A诉B石油公司加油站机动车交通事故责任纠纷案件

一、基本案情

（一）案件事实经过

2023年6月14日，A驾驶小型客车进入B石油公司加油站后，因与另一辆出租车抢行而撞到放置在通道内的摩托车加油桶，造成其车辆损坏的交通事故，A负全部责任。后A诉B石油公司，要求其承担修理车辆费用1000元。

（二）各方观点

A认为，2023年6月14日，其驾驶车辆在B石油公司加油站加完油欲驶离时，撞倒放置在通道内的摩托车加油桶，造成车辆损坏后果，B石油公司未妥善保管摩托车加油桶是导致其车辆损坏的原因，B石油公司应承担赔偿责任。

B石油公司认为，交通事故认定书作为交通事故责任划分依据及处理依据，交警部门已作出交通事故认定书，认定A对事故负全部责任，并将交通事故认定书送达A，A也已在事故认定书上签字，说明其对交通事故认定书确认的事实成因及责任认定没有异议，A应自行承担事故造成的车辆损失。

本案主要争议事项为B石油公司应否赔偿A车辆损失。

一审法院认为，机动车道路交通事故责任是指机动车在道路上运行中因不当驾驶活动或者意外事件直接或间接造成财产损害所产生的侵权责任，本案中交通事故经交警部门认定，A负事故全部责任，其应承担因事故造成的全部损失。

（三）案件审理情况

一审法院判决：驳回A的诉讼请求。

二、案例评析

本案为机动车交通事故责任纠纷，争议焦点为A诉请B石油公司赔偿车辆损失是否具有事实和法律依据。

（一）B石油公司应否赔偿A车辆维修损失

《中华人民共和国民法典》第一千二百一十三条规定，机动车发生交通事故造成损害，属于该机动车一方责任的，先由承保机动车强制保险的保险人在强制保险责任限额范围内予以赔偿；不足部分，由承保机动车商业保险的保险人按照保险合同的约定予以赔偿；仍然不足或者没有投保机动车商业保险的，由侵权人赔偿。

《最高人民法院关于审理道路交通事故损害赔偿案件适用法律若干问题的解释》第二十四条规定，公安机关交通管理部门制作的交通事故认定书，人民法院应依法审查并确认其相应的证明力，但有相反证据推翻的除外。

本案因相关部门已对事故责任予以认定，A负事故的全部责任，系事故的实际侵权人，且在审理过程中，A未提供足以推翻交通事故认定书的相反证据，故其应承担本次交通事故的全部赔偿责任。

因此，一审法院认定A负事故全部责任，其主张B石油公司承担赔偿责任的诉讼请求，不予支持。

（二）律师点评

在本案中，需证明A的车辆损失是否与B加油站有关，B加油站是否有赔偿义务。

案涉交通事故发生后，相关部门对 A 送达了《道路交通事故认定书》，认定其承担全部责任，A 在收到该认定书后签名确认，并未提出异议，亦未在法定期限内对案涉《道路交通事故认定书》提出复核申请，视为对该认定书的认可。

《最高人民法院关于适用〈中华人民共和国民事诉讼法〉的解释》第一百一十四条规定，国家机关或者其他依法具有社会管理职能的组织，在其职权范围内制作的文书所记载的事项推定为真实，但有相反证据足以推翻的除外。必要时，人民法院可以要求制作文书的机关或者组织对文书的真实性予以说明。

故本案 A 负道路交通事故全部责任，其应承担全部赔偿，B 加油站没有赔偿义务。

本案属小额诉讼案件，案情简单，适用一审终审制度。虽然涉案标的额较小，但从双方当事人的表现，能看出双方均在据理力争、积极维权，这也反映出现代社会人们法律意识、权利意识、维权意识的提升。

三、经验教训

《最高人民法院关于审理道路交通事故损害赔偿案件适用法律若干问题的解释》第九条规定，因道路管理维护缺陷导致机动车发生交通事故造成损害，当事人请求道路管理者承担相应赔偿责任的，人民法院应予支持，但道路管理者能够证明已经依照法律、法规、规章的规定，或者按照国家标准、行业标准、地方标准的要求尽到安全防护、警示等管理维护义务的除外。B 石油公司作为加油站的实际管理者，从内部管理角度看，通过查看涉案现场，发现摩托车固定加油处虽画线圈出加油桶放置位置，但仍存在顾客随意放置致使其他人员、车辆碰撞的风险，故应加强对加油站现场设备设施的维护和管理，通过加防撞杆或围栏等方式圈定加油桶放置位置，并放置告知牌提示驾驶人员等防止碰撞、将加油桶使用后放至规范位置。在加油现场车辆人员通行繁忙时段，更应加强对上述问题的关注，避免本案类似事件的发生。

案例三十五

A 公司诉 B 石油公司"压覆采矿资源"纠纷调解案件

一、基本案情

（一）案件经过事实

2007 年 12 月，C 加油站业主 D 与 B 石油公司签订《C 加油站资产转让合同》，将 C 加油站全部资产转让给 B 石油公司，转让款 240 万元。

因 C 加油站选址在 A 公司已取得采矿权的开采区范围内，根据法律规定，业主 D 申请国有土地使用权建设加油站应先行征得 A 公司的同意，并与之达成相应的协议。2008 年 4 月，A 公司与业主 D 就建设经营 C 加油站压覆 A 公司采矿资源和 A 公司将来开采被压覆资源时加油站的拆迁事宜签订协议，主要内容为 A 公司保证不在 C 加油站已经规划确定选址的 6400 平方米国有土地的使用范围内形成开采区，以后若因 A 公司开采方式变更，导致加油站不能经营，A 公司对该加油站不负任何责任，不给任何补偿，加油站须无条件拆除。A 公司未与 B 石油公司签订相关压覆资源的协议。

2010 年 3 月，经某煤炭工业局批准，A 公司的开采方式由井工开采变更为露天开采。2020 年，A 公司的开采区域接近 C 加油站的经营区域，A 公司根据协议约定，要求 C 加油站拆除搬迁。

2022 年 1 月，A 公司诉至法院，要求 B 石油公司立即无条件拆除位于 A 公司开采区的 C 加油站。

（二）各方观点

A公司认为，A公司取得采矿权在先，业主D建设加油站前未取得建站土地手续，与A公司签订的协议明确约定如A公司变更开采方式导致C加油站不能经营，C加油站应无条件拆除，A公司无须支付任何补偿，基于此约定，A公司才同意业主D建设C加油站；B石油公司承继A公司与业主D所签订协议的权利义务，应无条件拆除C加油站。

B石油公司认为，B石油公司与业主D签订《C加油站资产转让合同》，已经支付全部转让款，C加油站全部资产已归B石油公司，A公司并未与B石油公司签订相关压覆资源的协议，其与业主D签订的《协议》根据合同相对性原则，对B石油公司不具有约束力；B石油公司签订转让合同是收购C加油站资产的物权，而非业主D在B石油公司不知情情况下与A公司签订协议项下权利义务的概括转让，不存在法律上的承继关系，A公司所主张的承继关系不能成立。

经法院审理并主持调解，A公司与B石油公司达成一致意见，签订《补偿协议》，A公司向B石油公司支付拆迁C加油站的补偿款1500万元。

（三）案件审理情况

A公司向法院申请撤诉，法院裁定准许。对方撤诉，双方同意调解。

二、案例评析

本案争议焦点为A公司是否有权要求B石油公司立即无条件拆除位于A公司矿产资源开采区内的C加油站。

（一）A公司是否有权要求B石油公司立即无条件拆除位于A公司矿产资源开采区内的C加油站

矿产资源法第三十三条规定，在建设铁路、工厂、水库、输油管道、输电线路和各种大型建筑物或者建筑群之前，建设单位必须向所在省、自治区、直辖市地质矿产主管部门了解拟建工程所在地区的矿产资源分布和开采情况；非经国务院授权的部门批准，不得压覆重要矿床。《国土资源部关于进一步做好建设项目压覆重要矿产资源审批管理工作的通知》（国土资发〔2010〕137号）第二条规定，凡建设项目实施后，导致其压覆区内已查明的重要矿产资源不能开发利用的，都应按本通知规定报批，未经批准，不得压覆重要矿产资源，建设项目压覆区与勘查区块范围或矿区范围重叠但不影响矿产资源正常勘查开采的，不作压覆处理；第四条第（三）项规定，建设项目压覆已设置矿业权矿产资源的，新的土地使用权人还应同时与矿业权人签订协议，协议应包括矿业权人同意放弃被压覆矿区范围及相关补偿内容，补偿的范围原则上应包括：1. 矿业权人被压覆资源储量在当前市场条件下所应缴的价款（无偿取得的除外）；2. 所压覆的矿产资源分担的勘查投资、已建的开采设施投入和搬迁相应设施等直接损失。

民法典第四百六十五条规定，依法成立的合同，受法律保护；依法成立的合同，仅对当事人具有法律约束力，但是法律另有规定的除外。该条即为"合同相对性原则"的法律规定，是指一般情况下，只有合同当事人一方能基于合同，向与其有合同关系的另一方提出请求或提起诉讼，而不能向与其无合同关系的第三人提出合同上的请求，也不能擅自为第三人设定合同上的义务。

业主D建设加油站合法取得了相关建设审批手续，C加油站不属于违法违规建筑。C加油站已经建设完毕并办理了相关土地、房屋手续，正常经营使用。B石油公司通过与业主D签订《C加油站资产转让合同》，在支付转让款后取得了C加油站的全部资产，成为C加油站的实际权利人。A公司与业主D签订的协议，依照上述法律规定，仅对A公司与业主D具有法律约束力，对合同之外的主体B石油公司不具有法律约束力。A 公司依据与业主 D 签订的协议约定，要求 B 石油公司无条件拆除 C 加油站，无事实和法律依据。

根据上述法律法规规定，建设单位申请国有土地使用权时，压覆矿产权利人矿产资源的，由建设单位就所压覆的矿产资源予以补偿，并未规定在压覆矿产资源的情形下禁止建设或拆除已建资产。由此说明，压覆矿产资源权利人的矿产资源所发生纠纷的解决路径为补偿，而非拆除加油站。

故 A 公司无权要求 B 石油公司立即无条件拆除位于 A 公司矿产资源开采区内的 C 加油站。

（二）律师点评

矿产资源压覆，通常是指因建设项目在矿区进行选址建设，造成了建设项目与矿区之间形成物理空间上的重叠，进而导致矿产资源无法正常开采的情形。与压覆相关的规定见于《中华人民共和国矿产资源法》、自然资源部（原国土资源部）的相关通知，以及一些地方性法规、规章之中。从权利冲突的角度来看，压覆纠纷之所以产生，是因为建设项目所对应的权利和矿产资源所对应的矿业权二者产生重叠且相互影响，从而导致冲突。当发生压覆纠纷时，法院的关注重点往往是压覆手续是否完备、权利先后、是否有实质影响、建设单位是否有过错及损害后果。

本案中，业主 D 建设 C 加油站前经过了矿业权人 A 公司的同意，且取得了相关部门批准的建设手续，A 公司根据与业主 D 的协议要求 B 石油公司无条件拆除 C 加油站无依据。但后来因 A 公司取得相关部门同意将开采方式由井工开采变更为露天开采，C 加油站压覆矿产资源，侵害了矿业权人 A 公司的合法利益。A 公司可就此再诉，要求 B 石油公司支付压覆资源损失。综合考虑到矿产资源价值、C 加油站合法建设、诉讼成本等各种因素，A 公司与 B 石油公司达成调解，没有选择持续诉讼，是明智的决定。

三、经验教训

以加油站为代表的基础设施项目的大量建设，导致建设项目压覆矿产资源现象增多。由于对矿业权财产属性认识的不足，以及基础设施投资模式等多种原因，矿产资源压覆赔偿存在争议焦点多、赔偿标准低、解决周期长、司法裁判不一等特点。建设项目压覆矿产资源纠纷的解决过程是压覆矿产资源责任主体按照相应赔偿范围、赔偿标准向矿业权人履行赔偿义务的过程，因而权利主体和责任主体的确定对解决压覆矿产资源纠纷至关重要。

（一）做好材料收集和调查工作

在矿区建设项目或购置资产前，应对矿业权人进行背景调查，对当地的制度规定进行详细了解，对建设项目的审批流程和要求进行了解，对拟购置资产的权属及签订的相关协议进行查明。通过政府部门出具有关书面证明、查询矿业权登记档案等方式，掌握矿业权有关材料，收集项目审批、用地审批、项目施工等有关建设项目的信息和材料，掌握项目立项主体、施工主体、土地使用权人、建设权人等信息资料。

（二）把好压覆协议关

在协议磋商过程中，应坚持将项目建设单位作为协商谈判对象，地方政府出面和矿业权人协商压覆赔偿的，应要求其明确授权委托关系。签订协议时，应要求将建设单位作为压覆协议中的赔偿责任主体。地方政府坚持要求和矿业权人签订压覆协议的，矿业权人即便基于实际考量同意签订，也应明确约定地方政府系受建设单位委托进行压覆赔偿，如果矿业权人在约定期限内未获得赔偿，有权继续向建设单位主张压覆赔偿等内容。

（三）做好法律分析判断

一是权利主体方面，考虑是否存在矿业权人变更、侵权之债的转让等情形，准确把握和确定诉讼原告；二是责任主体方面，考虑是否存在共同侵权人，各方是否通过协议方式约定了债务承担、债务担保等情形，准确把握和确定诉讼主体；三是诉讼第三人方面，地方政府等主体参与压覆赔偿工作的，要根据有关主体在压覆赔偿过程中的角色和作用，确定是否申请增加第三人，以便法院能够充分查明案件事实。在提起诉讼前或被诉讼时，对纠纷案件进行全面的法律分析和事实分析，明确界定案件的争议焦点、有利点和风险点，客观评估案件的诉讼成本、成败可能等。

案例三十六

A 石油公司与 B 公司加油站
拆迁补偿纠纷调解案件

一、基本案情

（一）案件事实经过

B 公司是矿业公司，因其两次开采行为，导致 A 石油公司加油站处于采空区，加油站地面、网架、站房等均有不同程度的下沉、开裂和受损，存在较大安全隐患，加油站无法正常营业。

2017 年 9 月 14 日至 2018 年 11 月 26 日，镇人民政府与 B 公司多次给 A 石油公司加油站下发《关于搬迁的函》，告知 A 石油公司加油站位于 B 公司首采区范围内，为保障安全生产，拟进行搬迁，要求 A 石油公司从 2017 年 9 月 14 日起不得进行改扩建及运营活动，并商请 A 石油公司在镇人民政府的主持下立即启动搬迁工作，B 公司与 A 石油公司就搬迁事宜进行沟通对接，如因 A 石油公司原因导致该加油站未能及时搬迁，由此引发的一切安全责任事故由 A 石油公司及加油站负责。

（二）协议签订情况

根据地方政府发出文件要求，鉴于 A 石油公司加油站在 B 公司首采区范围内，经过双方多次谈判，按照 B 公司回采安排并出于对该加油站在采空区等安全方面的考虑，双方协商一致，A 石油公司加油站于 2018 年 12 月 29 日暂停营业，并就营业损失于 2020 年签订了《补偿协议书》。协议签订后，B 公司就 2018 年 12 月 29 日至 2020 年 3 月 28 日，共计 469 天的营业损失款项支付给了 A 石油公司，但 2020 年 3 月 29 日

至 2020 年 7 月 28 日的营业损失款项和违约金，一直未能支付给 A 石油
公司。

对于加油站的拆迁补偿款，A 石油公司和 B 公司分歧较大，一直未
能达成一致意见。2022 年 12 月 28 日，A 石油公司向法院提起诉讼，
要求 B 公司支付 2020 年 3 月 29 日至 2020 年 7 月 28 日的营业损失款
项和违约金，以及加油站的拆迁补偿款。案件审理中，法官表示营业损
失款项和违约金属于法院的审理范围，但拆迁补偿款不属于法院的审理
范围，向 A 石油公司释明变更诉讼请求，可以进行法庭调解或开庭审
理，对于拆迁补偿款的诉讼请求，因不属于法院审理范围，要驳回该项
诉讼请求，建议 A 石油公司找政府或者进行行政诉讼解决，同时建议
A 石油公司和 B 公司通过协商解决所有问题。最后，经过双方的协商，
A 石油公司同意撤诉，双方达成调解，并于 2023 年 7 月 19 日签订《补
充协议》，B 公司向 A 石油公司支付营业损失补偿款和拆迁补偿款共计
2189.38 万元。

二、案例评析

（一）A 石油公司可以向 B 公司主张赔付因采空区导致加油站不能经营的全部财产损失

本案是因 B 公司开采行为导致 A 石油公司加油站处于采空区，不
能正常经营所造成的损失补偿纠纷。A 石油公司作为危险化学品经营单
位，一直严把生产经营"安全关"，因 B 公司的开采行为，导致 A 石油
公司加油站在采空区，地基下沉，加油站房屋等不动产及设施设备不同
程度受损，致使 A 石油公司加油站无法正常经营使用，A 石油公司加油
站经营目的已不能实现，B 公司采矿行为侵犯了 A 石油公司的财产权益
并造成重大损失，应当赔偿 A 石油公司的财产损失。若双方对具体的损
失数额有争议，需要通过鉴定机构予以确定。

关于要求全部财产损失的主张，A 石油公司作为原告，应当提供因 B 公司的采矿行为致使不能正常经营加油站的事实证据。

（二）采用调解方式，从源头上解决纠纷

本案最终以调解的方式从源头上解决了双方之间的纠纷。如果双方之间未达成一致意见，那么 A 石油公司就要对营业损失进行鉴定，鉴定的过程时间漫长，还要先预付鉴定费用，无形中增加了诸多诉讼成本；且通过民事诉讼只能解决营业损失和违约金的问题，还不能解决拆迁补偿款的事项，拆迁补偿款事项只能找政府或者通过行政诉讼解决，那么 A 石油公司要实现最终的损失赔偿目的就要经历多次诉讼，不仅耗时长久，而且诉讼成本会增加很多，双方最终通过调解达成一致意见，将营业损失补偿款问题和拆迁补偿款问题一起解决，快速、便捷地解决了双方的纠纷。

（三）律师点评

自古以来，调解都是有效化解矛盾纠纷不可或缺的渠道，相较于漫长的诉讼程序，调解可以大大缩短解决纠纷的时间，节省法院和双方当事人的人力、物力和财力投入；在调解过程中，双方可以通过平等协商的方式达成协议，有利于保障各方当事人的合法权益，也有助于增进当事人之间的信任感和友好关系。调解作为一种非诉讼的争议解决方式，有助于推动社会法治建设的进程，通过推广和完善调解制度，可以提高人们的法律意识和服务水平，促进社会和谐发展。因此，在遇到法律纠纷的时候，并不是只有诉讼程序可以解决，在对整个案件进行充分论证之后，如果调解能够更好地解决问题，那么就应积极与对方进行协商，解决双方之间的纠纷。

三、经验教训

本案中，A 石油公司加油站被拆除，虽然 B 公司给 A 石油公司进行

了补偿，但加油站作为一种特殊行业，在审批经营许可时，要取得特殊行业经营许可证和危险化学品经营许可证，比一般生产加工行业的手续更复杂，想要重新建立一座加油站，投入成本巨大，所以通过本案建议特殊行业在面临征收拆迁的时候，应提前做房屋评估，并且考虑"拆一还一"方案协商。

（一）要建立加油站房屋估价方法

房屋估价有如下几种方法：比较法、收益法、成本法、假设开发法及其他不常适用的方法。《房地产估价规范》（GB/T 50291—2015）第4.1.2条规定，"估价方法的选用，应符合下列规定1.估价对象的同类房地产有较多交易的，应选用比较法。2.估价对象或其同类房地产通常有租金等经济收入的，应选用收益法。3.估价对象可假定为独立的开发建设项目进行重新开发建设的，宜选用成本法；当估价对象的同类房地产没有交易或交易很少，且估价对象或其同类房地产没有租金等经济收入时，应选用成本法。4.估价对象具有开发或再开发潜力且开发完成后的价值可采用除成本法以外的方法测算的，应选用假设开发法。"

实务中，对加油站估值采用成本法还是收益法的问题往往引发纠纷。征收方通常采用成本法对加油站进行评估，此种方法忽略了加油站的经营性质、附加值和预期收益，估值往往很低，甚至低于加油站建站投资运营成本，极不合理，而根据《房地产估价规范》，加油站房地产估价理应选择收益法。

加油站作为一种特殊行业，虽然加油站的附属物和附属设施不是很多，但是它所蕴含的附加值和预期收益很高，《房地产估价规范条文说明》也明确了加油站属于有经济收入的估价对象，应该选择收益法。从成本法的适用条件来看，加油站几乎没有适用空间，故不应选择成本法。

（二）尽量协商达成"拆一还一"方案

1. 充分把握拟拆迁加油站所在地相关政策，初步了解征收方对被征收加油站的预计估值及安置政策。实务中，企业可根据自身实际情况出台不同的征收政策，在加油站被确定为征收对象后，应当通过向有关部门查询、咨询等方式，充分把握各类相关政策，同时应了解相关部门可能采取的估值方案和安置政策，以分析研判，研究应对方案。

2. 根据"收益法"对加油站进行估值。多数征收方以成本法对加油站进行估值，导致加油站估值偏低，无法达到被征收方的预期，更无法实现"拆一还一"的目标。在遭遇此种情况时，应冷静应对，请专业人士或自行对相关不动产以"收益法"进行测算估价，并出具科学完备的估价报告，做到有理有据，增强谈判的说服力。

3. 制订数个可行的迁建方案。制订符合当地实际情况和政府规划的迁建方案，或说服政府对加油站进行异地安置；或说服有关部门微调征收范围，最大程度保留加油站；或对加油站进行缩建改造，尽可能保留加油站；或发挥创新能力赋予加油站以文化价值，吸引政府投资等。

4. 积极协商谈判，分析利弊，表达诉求。谈判中明确"拆一还一"的诉求，强调"收益法"的科学性，列明"拆一还一"与货币补偿的利弊，提出可行的安置建议。从公信政府、法治政府和确保国有资产保值增值的角度出发，强调政府的权威性和国有企业作为社会主义市场经济中支柱性力量的重要性，积极促成"拆一还一、先建后拆、等量同质"原则的实际落实。

第四篇

行政诉讼纠纷案件

案例三十七

A 石油公司诉 B 市人力资源和社会保障局工伤保险资格或者待遇认定纠纷案件

一、基本案情

（一）案件事实经过

2022 年 7 月 18 日 20 点 35 分左右，A 石油公司所属加油站员工范某，在加油站东南方向 100 米处发生交通事故，被他人小型普通客车撞倒受伤，导致颅内深度出血。A 石油公司于 2022 年 7 月 19 日向 B 市人力资源和社会保障局提交工伤认定申请，被口头告知不属于工伤事故，未予受理，也未展开调查。2023 年 1 月 10 日，A 石油公司再次向 B 市人力资源和社会保障局提交工伤认定申请，并提交部分工伤认定材料，要求其受理，如不受理，出具不予受理决定书，被口头告知不符合申请条件，根据工伤认定规程，不具备不予受理条件，不出具不予受理决定书。A 石油公司起诉 B 市人力资源和社会保障局，诉请对其工伤认定申请作出是否受理的决定。

（二）各方观点

A 石油公司认为，范某工作的加油站属于偏远加油站，夏季营业时间为早 5 点至晚 11 点，倒班方式为两班倒，上 6 天休 3 天。范某是在工作时间、工作地点，从事活动与履行工作职责相关，应依法认定工伤。因此，A 石油公司向 B 市人力资源和社会保障局提交工伤认定申请，但被口头告知不符合受理条件，未出具书面答复，B市人力资源和社会保障局行为构成行政不作为。

B市人力资源和社会保障局认为，范某和同事值班期间，与同事商定晚8点进行交接，范某在加油站休息。晚8点31分左右，范某在未通知同事的情况下，私自离开加油站，范某属于擅自离岗，不属于工伤事故。按照工伤事故认定规程，不具备不予受理条件，因而不能出具书面的不予受理决定书。

本案的争议焦点为B市人力资源和社会保障局未予受理是否合法。

法院认为，依据《工伤保险条例》，应提交相关材料，材料不完整的，应书面告知补正的材料，工伤认定主要是书面审查，申请人提交材料后，劳动保障行政部门应开始工伤认定工作，B市人力资源和社会保障局收到A石油公司的申请后，并未展开调查工作，仅口头告知，违反了相关规定。

（三）案件审理情况

法院判决B市人力资源和社会保障局在十五日内对A石油公司的工伤认定申请作出是否受理的决定。

二、案例评析

本案是工伤保险资格或者待遇认定纠纷案件，属于行政诉讼，争议焦点为B市人力资源和社会保障局未予受理是否合法。

（一）A石油公司是否按照法律规定提交申请材料

范某是在2022年7月18日晚8点35分左右发生的交通事故，A石油公司在2022年7月19日就向B市人力资源和社会保障局提交了工伤认定申请。依据《工伤保险条例》第十七条"职工发生事故伤害或者按照职业病防治法规定被诊断、鉴定为职业病，所在单位应当自事故伤害发生之日或者被诊断、鉴定为职业病之日起30日内，向统筹地区社会保险行政部门提出工伤认定申请。遇有特殊情况，经报社会保险行政部门同意，申请时限可以适当延长"的规定，A 石油公司提交工伤认定申请是在事故发生之日的隔天，符合《工伤保险条例》规定的事故发生之日起 30 日内的规定。

依据《工伤保险条例》第十八条"提出工伤认定申请应当提交下列材料：（一）工伤认定申请表；（二）与用人单位存在劳动关系（包括事实劳动关系）的证明材料；（三）医疗诊断证明或者职业病诊断证明书（或者职业病诊断鉴定书）。工伤认定申请表应当包括事故发生的时间、地点、原因以及职工伤害程度等基本情况。工伤认定申请人提供材料不完整的，社会保险行政部门应当一次性书面告知工伤认定申请人需要补正的全部材料。申请人按照书面告知要求补正材料后，社会保险行政部门应当受理"的规定，A 石油公司向 B 市人力资源和社会保障局提交了相关材料，但 B 市人力资源和社会保障局并未出具任何书面告知需要补充的材料，也未受理 A 石油公司的工伤认定申请。可以肯定的是，在本案中，A 石油公司向 B 市人力资源和社会保障局申请工伤认定是符合法律规定的。

（二）B 市人力资源和社会保障局的行为是否合法

依据《工伤保险条例》第十九条"社会保险行政部门受理工伤认定申请后，根据审核需要可以对事故伤害进行调查核实，用人单位、职工、工会组织、医疗机构以及有关部门应当予以协助"的规定，B 市人力资源和社会保障局在收到工伤认定申请后，应该进行调查核实，但是其未进行调查核实，只是口头告知 A 石油公司不符合工伤认定。

依据《内蒙古自治区工伤认定工作规程》第八条"社会保险行政部门收到工伤认定申请后，应及时对材料进行审核。对申请人提交材料完整的，应当自收到工伤认定申请之日起 15 个工作日内作出受理或者不予受理的决定。申请人提交材料不完整的，社会保险行政部门应在 15

个工作日内出具《工伤认定申请补正材料告知书》（附件2），一次性告知工伤认定申请人需要补正的全部材料……社会保险行政部门自收到申请人补正的全部材料之日起15个工作日内作出受理或者不予受理的决定。社会保险行政部门决定不予受理的，出具《工伤认定申请不予受理决定书》"的规定，B市人力资源和社会保障局在收到工伤认定申请后，应对材料进行审核，如认为材料不完整，在15个工作日内出具《工伤认定申请补正材料告知书》，在本案中B市人力资源和社会保障局并未出具过《工伤认定申请补正材料告知书》，在材料补充完整后，应在15个工作日内作出受理或不受理的决定，对不受理的应出具《工伤认定申请不予受理决定书》，B市人力资源和社会保障局只是口头告知A石油公司不符合工伤认定，在A石油公司要求其出具《不予受理决定书》时也以口头拒绝，认为不符合出具不予受理决定书的条件，显然B市人力资源和社会保障局的行为违反了相关法律法规的规定。

（三）律师点评

本案是针对人力资源和社会保障局提起的行政诉讼案件，在日常工作和生活中，经常会遇到行政机关因对法律法规的理解不够透彻而导致对具体事项的处理不够充分的情况，B市人力资源和社会保障局的行为就是因为对工伤保险申请事项的程序和实体理解不够透彻，导致未能及时有效答复A石油公司，对此A石油公司据理力争，不仅积极与B市人力资源和社会保障局进行充分沟通，而且提起行政诉讼，最终经过法院的审理支持了A石油公司的诉讼请求。因此，在与行政机关沟通的时候，不能盲目相信行政机关的答复，而应据理力争，维护企业和员工的合法权益。

三、经验教训

B市人力资源和社会保障局是行政部门，A石油公司是企业，很多时候企业在与行政部门沟通的时候，行政部门对于相关事项往往都是口头告知，不会专门出具书面文件。这会导致在行政部门出现行政不作为等行为的时候，企业很难提供相关证据。在本案中，A石油公司从申请工伤认定开始，就注意保存证据，固定证据，坐实了B市人力资源和社会保障局行政不作为。因此，我们在日常的工作当中要提高法律素养，提高证据意识，做好工作留痕。

（一）不能盲目相信行政部门的回复，提高法律素养，积极争取自身权利

在本案中，A石油公司按照法律规定向B市人力资源和社会保障局申请工伤认定，但是B市人力资源和社会保障局在未进行调查核实的情况下，仅口头告知不符合工伤认定，未出具任何书面文件，显然其行为已经侵犯了A石油公司和员工范某的合法权益。B市人力资源和社会保障局是行政部门，行政部门在办理业务时，可能存在先行判断的情况，如其认为不符合，则拒绝开展后续工作，实质是侵害了程序性权利。程序性权利是实体性权利的保障和基础，在与行政部门的工作中往往被忽视，所以在日常的工作中不能盲目相信行政部门的回复，要切实增强依法办事的法治思维和意识，积极争取自身的权利。

（二）加强员工法制教育，提高员工遵守法律法规和公司管理制度意识

在本案中，员工范某本来是在上班时间，但是在上班时间未在岗位上，导致B市人力资源和社会保障局认定其受伤为工伤出现困难。因此，在日常经营管理过程中，加强员工的法制教育，教导员工遵守公司管理制度至关重要。在上岗培训环节，做好相关职业技能、法律法规、合同权利义务等内容宣传，做到员工明确知晓自身权利义务。

（三）认识到证据的重要性，要保存证据、固定证据

在本案中，A石油公司与B市人力资源和社会保障局沟通的环节

中，都留存了相关证据，因此法院认定B市人力资源和社会保障局的行为不符合法律规定，支持了A石油公司的诉讼请求。因此，在日常工作当中，要认识到证据的重要性，特别是可能涉及诉讼等情况下要保存证据、固定证据。

案例三十八

A 加油站诉 B 商务局、C 石油公司行政许可纠纷案件

一、基本案情

（一）案件事实经过

2004 年，A 加油站取得《成品油零售经营批准书》。2005 年，C 石油公司与 A 加油站签订租赁合同，租赁 A 加油站的资产及经营权，租赁期限 10 年，租金 313 万元。合同签订后，A 加油站把所有证件交给 C 石油公司用于运营，租赁期满后 C 石油公司应把所有证件过户到 A 加油站名下。后 C 石油公司将 A 加油站名称变更登记为 D 加油站，并取得《成品油零售经营批准书》。2005 年 11 月，因逾期未年检，A 加油站营业执照吊销。C 石油公司经营 D 加油站两年便停止经营，直到租赁期满后，未再对《成品油零售经营批准书》进行年检。D 加油站于 2010 年 12 月因逾期未年检被吊销营业执照（未注销）。

因租赁期满后，C 石油公司未将加油站所有证照过户至 A 加油站名下，且租赁资产有毁损，A 加油站经营者 H 诉讼 C 石油公司赔偿损失，法院判决后 C 石油公司履行了赔付义务。

2014 年，为解决加油站证照恢复问题，C 石油公司向 B 商务局申请对所租赁加油站给予年检，将《成品油零售经营批准证书》予以恢复，以保障经营。B 商务局答复：应将加油站进行升级达标，符合规范标准后再申请办理《成品油零售经营批准证书》和名称、法人变更。

2018 年，A 加油站已完成达标升级改造，达到经营标准，向 B 商务

局提出恢复或办理成品油经营许可证申请，B商务局答复：1.应由C石油公司直接提出申请或经其同意后由A加油站提出申请；2.A加油站需向所在地商务主管部门提出申请，经同意后由其出具公文报上级商务主管部门。

2020年6月，A加油站以B商务局为被告、C石油公司为第三人提起行政诉讼，请求：判决B商务局履行法定职责，为A加油站办理恢复《成品油零售经营批准证书》，并责令B商务局采取补救措施，在法定期限内履行恢复办理的义务。

（二）各方观点

A加油站认为，其在2005年就已取得《成品油零售经营批准证书》，C石油公司租赁加油站短暂经营后便弃管不经营，导致《成品油零售经营批准证书》被吊销；A加油站在租期届满后收回了加油站及相关的附属设施，成品油经营许可证在租给C石油公司期间仅是吊销而未注销，B商务局在A加油站提出申请后应当给予恢复；A加油站与C石油公司之间的租赁合同纠纷是民事纠纷，不影响行政机关为A加油站办理恢复《成品油零售经营批准证书》，A加油站已多次向B商务局提出申请，但其未履行法定职责，其回复意见所认定的事实主要证据不足，没有适用相关法律规定，不符合行政许可的正确答复，属不履行法定职责的推诿行为，是典型的不作为。

B商务局认为，A加油站作为已被吊销营业执照的个人独资企业参与本案诉讼，其主体不适格；A加油站于2015年9月1日即已知晓其成品油经营许可证已经无法恢复，其诉请已超过5年最长起诉期限，法院不应受理；A加油站因变更为D加油站，故其名下《成品油零售经营批准证书》已被注销；D加油站因未年检及停歇业超过指定期限而予以法定注销；A加油站不具备不通过C石油公司而直接申请恢复《成品油零售经营批准证书》的主体资格，B商务局已明确答复A加油站，履行了法定职责。

一审法院认为，A 加油站在 2015 年 9 月 1 日的民事诉讼中已知晓其成品油经营许可证已经无法恢复，其权利受到侵害，但其未提供因不可抗力或者其他不属于其自身的原因耽误起诉期限的相关证据，根据行政诉讼法第四十六条、第四十八条规定，A 加油站的起诉已经超过最长起诉期限。

二审法院认为，案涉《成品油零售经营批准证书》已变更至 D 加油站名下，在 D 加油站未申请变更该证的企业名称的情况下，无法判令 B 商务局再为 A 加油站恢复颁发该证书，A 加油站请求恢复该证书的理由不能成立；B 商务局对 A 加油站的申请已作出明确答复，履行了告知义务，且该事项不属 B 商务局权限范围；一审法院以超过起诉期限为由裁定驳回起诉不当，但结果正确。

再审法院同意二审法院的观点，认为 A 加油站再审申请不符合行政诉讼法第九十条规定。

（三）案件审理情况

一审法院裁定：驳回 A 加油站的起诉。二审法院裁定：维持原审裁定，驳回 A 加油站的上诉请求。再审法院裁定：驳回 A 加油站的再审申请。

二、案例评析

本案的争议焦点为 B 商务局应否为 A 加油站恢复其名下证书。

（一）B 商务局应否为 A 加油站恢复其名下证书

A 加油站依照租赁合同约定将其名下证照《成品油零售经营批准证书》交付 C 石油公司，C 石油公司租赁 A 加油站后，将该站更名为 D 加油站，并更新取得《成品油零售经营批准证书》。后因 D 加油站短暂经营两年后便停止经营，直至租期届满也未对《成品油零售经营批准证书》进行年检。根据《成品油市场管理办法》第三百一十三条规定：
"成品油经营企业歇业或终止经营的，应当到发证机关办理经营资格暂
停或注销手续。成品油零售经营企业停歇业不应超过 6 个月。无故不办
理停歇业手续或停歇业超过规定期限的，由发证机关撤销其成品油经营
许可，注销成品油经营批准证书"。该《成品油零售经营批准证书》已
被法定注销，而证照注销之后是不能重新恢复的，只能重新申请办理。
另外，《成品油零售经营批准证书》登记在 D 加油站名下，即便重新申
请，其主体也只能是 D 加油站，A 加油站不符合申请主体要求，故 B 商
务局不应为 A 加油站恢复或办理《成品油零售经营批准证书》。B 商务
局已经举证证实其针对 A 加油站的申请多次作出明确答复，故不存在怠
于履行职责的行为。

（二）律师点评

C 石油公司因与多家民营加油站签订租赁合同后，未妥善管理租赁
资产和相关营业证照，到期不能恢复相关证照，导致的损失赔偿已履行
完毕。A 加油站本已通过诉讼获得了租赁资产毁损的赔偿和证照不能恢
复导致无法继续经营的可得利益损失赔偿，但因其不能正确理解行政部
门颁发证照的规定、办理要求及流程等，也不能准确界定提起行政诉讼
的法律主体规定，导致多次提起行政诉讼被驳回。本案经过三级法院审
理，认定事实经过详细，行政部门的答辩理由清晰，审判结果明确了 A
加油站要求 B 商务局恢复其名下《成品油零售经营批准证书》的不可能
性，彻底结束了这桩陈年旧事。本案能起到教育劝诫作用，令其他民营
加油站就证照事件不再提起行政诉讼。

三、经验教训

C 石油公司与多家民营加油站签订长期租赁合同后，未妥善管理租
赁资产和相关营业证照，导致租赁资产毁损、证照过期被法定注销，法

院判决 C 石油公司赔偿多家民营加油站资产毁损损失和证照不能办理导致不能营业的可得利益损失近千万元，这对 C 石油公司而言是重大损失，应从中吸取深刻教训。

1. 应严格审核签订租赁合同的内容，建立合同逐级上报审核审批制度，减少长期租赁合同的签订，如需签订长期租赁合同，应对租赁物的长期可使用性、使用性能和使用价值进行评估，研判长期租赁的必要性及预测长期租赁过程中可能出现的风险，提前予以预防。

2. 加强对合同履行的监管，在长期租赁合同履行过程中如不再使用租赁物，应及时行使合同解除权，尽早将租赁物交回出租方，减少不必要的财产损失，降低合同风险。

3. 作为特殊行业，应及时了解特殊证照的办理政策、办理要求和办理流程。

4. 及时就突发事件、群体事件与相关管理部门联系，寻求相关部门的指导意见和处理意见，给相关管理部门树立负责任的企业形象。

5. 以积极的态度应对诉讼，尤其是集体性诉讼，该行使的权利积极行使，该承担的责任积极承担，避免因不积极行使诉讼权利而丧失权利，也避免因未承担责任而被法院执行影响企业经营和信誉。

第五篇

股权管理纠纷案件

案例三十九

A 石油公司诉 B、C 公司债务追偿纠纷案件

一、基本案情

（一）案件事实经过

20 世纪 90 年代，A 石油公司为了贯彻落实国家政策，与多家国有企业共同发起设立了 B 公司（已退股），B 公司因缺少油品经营资质，"挂靠" A 石油公司成立了 C 公司，A 石油公司是工商登记的开办单位。2003 年，C 公司向郭某某借款 150 万元，到期未还。2004 年，C 公司因未按照规定年检，被工商局吊销营业执照，至今未清算注销。2006 年，郭某某起诉 A、B、C 三家公司还款，法院判决 C 公司偿还本息，B 公司承担连带责任，A 石油公司承担清算责任及连带清偿责任，该案已经终审，法院划扣 A 石油公司 400 万元。2003 年，A 石油公司启动了对 B 公司、C 公司的追偿诉讼，诉请支付代偿款 400 万元及利息，本案为一起债务追偿诉讼。

（二）各方观点

A 石油公司认为，A 石油公司之所以在郭某某案件中被法院执行 400 万元，根本原因是 B 公司作为 C 公司的实际控制人，实际接收了 C 公司的资产、债权债务，不积极履行清算程序，导致被法院判决承担清偿责任。

B 公司认为，A 石油公司是双重责任，责任更重，因郭某某案件中，法院在判决书中明确载明 A 石油公司承担的是清算责任及连带清偿

责任，B公司仅为一项责任，即连带清偿责任。

法院认为，郭某某民间借贷案件中，法院判决A石油公司、B公司承担连带责任的原因，均是基于清算责任，追偿案涉及的是A、B、C三方的内部责任，继续判令C公司承担还款责任已无实际意义，故驳回A石油公司对C公司的诉讼请求；对于B公司的责任，法院认为B公司为C公司的实际控制人，A石油公司并不实际参与C公司的经营管理，与清算有关的财产、财务账册等均由B公司掌握和控制，与A石油公司相较，B公司具有进行清算的便利条件，而A石油公司作为C公司的股东，对C公司负有管理职责，对未及时清算负有责任。

（三）案件审理情况

一审法院综合考虑A、B过错大小，认为B公司对C公司未进行清算负有主要责任，A石油公司负有次要责任，按照8∶2的责任比例，判决B公司向A石油公司支付代偿款的80%及利息；B公司对此不服上诉，二审维持一审判决。

二、案例评析

（一）案件争议焦点评析

本案的争议焦点是B公司、C公司是否应当支付代偿款，以及A石油公司、B公司作为连带责任义务人之间的责任比例如何分担。B公司实际经营C公司，其决议解散C公司后，将C公司的债权债务全部接收，但没有办理C公司后续注销登记手续。

依据《最高人民法院关于适用〈中华人民共和国公司法〉若干问题的规定（二）》（2020修正）第十八条第一款，有限责任公司的股东、股份有限公司的董事和控股股东不履行清算义务、怠于履行清算义务导致公司无法清算的，对债权人承担赔偿责任；第二款："上述情形系实际控制人原因造成，债权人主张实际控制人对公司债务承担相应民事责任的，人民法院应依法予以支持。"的规定，郭某某民间借贷案件中，A石油公司因股东身份"怠于履行清算责任"，而承担清算责任及连带责任，B公司基于实际控制人的身份"怠于履行清算义务"，而承担清算责任及连带责任。A石油公司不参与C公司的生产经营，也没有接收C公司的资产、债务，突然被判决承担连带责任，可谓"飞来横祸"，但是从对外角度看，最大限度保护债权人的价值考虑，根本原因就在于A石油公司是C公司的工商登记股东身份，这样的僵尸企业若能及早清退出市场，也许能避免这场"灾难"。对内而言，在都被判决承担清算责任和连带责任的A石油公司、B公司之间，法院秉持公平、公正的价值取向，根据各自的过错进行内部责任划分。依据公司法司法解释（二）第二十一条："按照本规定第十八条和第二十条第一款的规定应当承担责任的有限责任公司的股东、股份有限公司的董事和控股股东，以及公司的实际控制人为二人以上的，其中一人或者数人依法承担民事责任后，主张其他人员按照过错大小分担责任的，人民法院应依法予以支持。"A石油公司仅为名义股东，B公司为实际控制人，B公司实际掌控C公司的人、财、物，具有清算的便利条件，综合考虑A、B过错大小，法院判决按照8∶2的责任比例，即支持A公司追回400×80%代偿款。该结果让A公司的损失，在内部得到了追偿，但后续还面临执行难的问题，据了解，B公司的偿债能力较弱。对于C公司而言，法院认为，该公司虽未办理注销登记手续，但其财产、债权、债务全部移交B公司，已不具备偿债能力，继续判令承担还款责任已无实际意义，故没有支持A石油公司对C公司的追偿，但C公司尚有一处房产至今没有处理。

（二）律师点评

在本案中，A石油公司在B公司、C公司的经营中，并未获得利益，但在郭某某民间借贷案件中，被认定为"怠于履行清算义务"而承担连带责任，虽后 A 石油公司向 B 公司、C 公司追偿，但 B 公司偿债能力较弱，法院又认为 C 公司无偿债能力，导致 A 石油公司的追偿结果可能得到的只是"一纸空文"。因此，在日常经营管理中，一定要不断完善对自身的风险管控，及时理清与控股企业、参股企业等关联企业的关系，免得被"刺破公司面纱"，承担连带责任。

三、经验教训

"飞来横祸"教训是深刻的，应充分发挥本案的借鉴意义，依法、合规经营，避免"挂靠"及"被挂靠"，要重视案件法律分析、论证、策略及与承办法官的沟通。

（一）依法、合规经营，避免"挂靠"及"被挂靠"

本案中，B 公司因缺少油品销售资质，挂靠 A 石油公司成立了 C 公司，A 石油公司在"被挂靠"后，不参与 C 公司的经营，终被法院判决承担 C 公司的对外债务。看似 A 石油公司很"冤"，实则根本原因在于"挂靠"本身是被法律所禁止的，因挂靠被判决承担连带责任，尤其在建设工程领域比较常见。对于石油销售企业管理而言，对"挂靠"及"被挂靠"应当做到零容忍，依法合规经营，企业才能稳步前行，避免由此引发的法律风险。同时，在出现或发现挂靠及被挂靠情况后，要及时采取纠正措施，避免损失进一步扩大。本案中，在 2002 年 B 公司股东会决议清算 C 公司后，A 石油公司应当在这一时间督促 B 公司、C 公司尽快按照法律程序办理清算、注销，第一时间将法律隐患"扼杀在摇篮里"。

（二）重视案件法律分析、论证、策略及与承办法官的沟通

在郭某某诉 B 公司、C 公司、A 石油公司民间借贷案中，A 石油公司被法院执行案款，从而启动了本案内部追偿诉讼，本案的审理与民间借贷案有着密切的关联。一方面，民间借贷案虽穷尽了所有法律救济途

径，但仍然在法律适用和事实认定方面存在问题，同时判决书中对于B公司连带责任的承担，说理不充分，以至于B公司在本案审理中一直坚持认为A石油公司是"清算责任及连带责任的双重责任，责任更重"。另一方面，本案追偿诉讼的审理，涉及法律规定的理解适用问题，例如在开庭审理中，主审法官询问到本案的追偿是属于清算责任导致的侵权之追偿，还是资金担保承诺书导致的合同之债的追偿？经过与法官的深入探讨、分析，A石油公司一方面在策略上采取了继续提出民间借贷案审理的不足之处，以博取法官的"同情"，另一方面对本案的法律适用问题给法官提供了民法典、公司法、公司法司法解释（二）第十八条、第二十一条等法律规定作为支撑。承办法官认真听取A石油公司的意见，对于民间借贷案中B公司被判决连带责任的理由解释为是基于清算责任，让B公司认为A石油公司属于"双重责任"的观点彻底"破防"。而且，在A石油公司、B公司内部责任的划分上，坚持公平公正，让"惹事"的B公司承担了80%的责任，"被挂靠"的A石油公司在对外承担郭某某的债务后，对内得到了"昭雪"，这样的判决结果得益于公司相关法律人员对案件的深入分析、论证及采取的策略，以及与法官的良好沟通。

案例四十

A 诉 B 公司、C 公司、D 石油公司 "民间借贷""清算责任"纠纷案件

一、基本案情

（一）案件事实经过

2003 年，A 向 B 公司的负责人出借 150 万元，实际用于 B 公司经营，到期后，B 公司无力偿还。C 公司实际控制 B 公司，负责全部经营管理，早在 2002 年，C 公司股东、董事会已经决议清算 B 公司，并将 B 公司的财务账簿、资产等全部上交 C 公司，但至今未办理工商注销登记。2006 年，A 起诉 C 公司要求偿还借款 150 万元及相应利息，诉讼中，A 申请追加了 B 公司，要求 B 公司承担连带清偿责任。同时，因 D 石油公司是 B 公司工商登记的名义开办单位，法院依职权追加了 D 石油公司作第三人，A 诉请 D 石油公司承担清算责任并对债务承担连带清偿责任。

（二）各方观点

A 认为，B 公司的负责人向 A 借款用于 B 公司的日常经营，借款期限届满后，A 多次向 B 公司主张偿还欠款本金及利息，但是 B 公司的大量资金和利润均被 C 公司调走，债务也转移至 C 公司，至今 B 公司、C 公司未偿还借款本金及利息。D 石油公司作为 B 公司的设立人，在设立时向登记机关出具资金担保承诺书，明确表示承担债权债务责任，承担清算责任，因而 D 石油公司应承担相应的连带清偿责任。

B 公司认为，确实向 A 借款 150 万元，B 公司是 D 石油公司设立的

单位，C公司是其实际控股人，作为借款人确实应该承担该责任，但因一些原因没有进行清算、履行相应债务责任，故应由C公司和D石油公司承担连带清偿责任。

C公司认为，案涉借款并非C公司所借，且本案已超过诉讼时效，本案借款是A向B公司的负责人转账，是该负责人的借款，并非用于C公司的经营，C公司不是本案的适格诉讼主体，C公司未接管B公司的债权债务；B公司至今没有办理工商注销登记，具有法人独立承担民事责任的资格，C公司不应承担连带清偿责任。

D石油公司认为，A作为债权人要求D石油公司承担清算责任无法律依据，D石油公司对B公司无事实上的清算责任，C公司才是B公司的实际控制人，应承担对B公司的清算责任，B公司的拆迁款等费用足以偿还A的借款，A对D石油公司的诉讼请求不是同一法律关系，D石油公司与本案无关。

一审法院认为，企业法人被吊销营业执照后，应当进行清算，清算程序结束并办理工商注销登记后，该企业法人才归于消灭，如果企业法人组成人员下落不明，无法通知参加诉讼，债权人以该企业法人的开办单位为被告起诉的，法院应予以准许，如该开办单位不存在投资不足或转移资产逃避债务的情况，仅应作为企业清算人参加诉讼，承担清算责任；A与B公司之间的借贷合同是双方的真实意思表示，B公司虽然是企业法人，但其人、财、物均被C公司控制，在C公司决定撤销B公司之后，B公司的债权债务移交给了C公司，C公司对相关资产进行了审计和评估，C公司应对B公司的债务承担连带责任；B公司是由D石油公司申请开办的，虽然D石油公司不参与B公司的经营、管理，但在B公司注销登记前对其承担清算责任，B公司于2004年10月20日被吊销营业执照，D公司怠于履行清算义务，导致B公司的主要财产灭失，应对B公司的案涉债务承担连带清偿责任；B公司的自认和证人证言证明本案未超诉讼时效。

二审法院、再审法院观点与一审法院一致。

（三）案件审理情况

一审法院判决，B公司向A偿还借款本金及利息，C公司承担连带清偿责任，D石油公司承担对B公司的清算责任，并对案涉债务承担连带清偿责任。

C公司和D石油公司不服，提起上诉，二审法院维持一审判决，驳回了C公司和D石油公司的上诉请求。

D石油公司不服提起再审，再审法院驳回了D石油公司的再审申请。

二、案例评析

本案主要的争议焦点为，A的诉讼请求是否超过诉讼时效，A所主张的150万元借款是否真实存在，C公司是否承担连带清偿责任，D石油公司是否应承担连带清偿责任。

（一）A的诉讼请求是否超过诉讼时效

《中华人民共和国民法典》第一百九十五条规定："有下列情形之一的，诉讼时效中断，从中断、有关程序终结时起，诉讼时效期间重新计算：（一）权利人向义务人提出履行请求；（二）义务人同意履行义务；（三）权利人提起诉讼或者申请仲裁；（四）与提起诉讼或者申请仲裁具有同等效力的其他情形。"B公司自认，A一直在向其主张债权，并且B公司的相关人员也出庭作证，在2004年、2005年、2006年，A向B公司主张过本案的债权，可证实A的诉讼请求一直在中断，未超过诉讼时效。

（二）A所主张的150万元借款是否真实存在

A和B公司之间签订的借款合同是双方之间的真实意思表示，是合法有效的合同，A 虽然向 B 公司的负责人转账，但款项实际用于 B 公司，且 B 公司出具的收条证明 A 履行了出借义务，B 公司对此也予以了认可。因此，A 所主张的 150 万元借款是真实存在的。

（三）C 公司是否承担连带清偿责任

在 B 公司的经营、管理过程中，其人、财、物均被 C 公司控制，在 C 公司召开股东会、董事会决定撤销 B 公司后，B 公司的债权债务移交给了 C 公司，C 公司对此进行了审计和评估，因而 C 公司应对案涉债务承担连带清偿责任。

（四）D 石油公司是否应对本案的债务承担连带清偿责任

《最高人民法院关于企业法人营业执照被吊销后其民事诉讼地位如何确定的复函》明确规定："吊销企业法人营业执照，是工商行政管理局对实施违法行为的企业法人给予的一种行政处罚。企业法人营业执照被吊销后，应当依法进行清算，清算程序结束并办理工商注销登记后，该企业法人才归于消灭。因此，企业法人被吊销营业执照后至被注销登记前，该企业法人仍应视为存续，可以自己的名义进行诉讼活动。如果该企业法人组成人员下落不明，无法通知参加诉讼，债权人以被吊销营业执照企业的开办单位为被告起诉的，人民法院也应予以准许。该开办单位对被吊销营业执照的企业法人，如果不存在投资不足或者转移资产逃避债务情形的，仅应作为企业清算人参加诉讼，承担清算责任。"同时，法院还依据公司法司法解释（二）第十八条第二款"有限责任公司的股东、股份有限公司的董事和控股股东因怠于履行义务，导致公司主要财产、账册、重要文件等灭失，无法进行清算，债权人主张其对公司债务承担连带清偿责任的，人民法院应依法予以支持"的规定，判决 D 石油公司承担清算责任及连带清偿责任。D 石油公司不服，提出上诉、再审、抗诉，均未果，并进入执行，法院从 D 石油公司银行账户划扣了相关款项。

本案虽经多级法院多次审理，法律途径已经穷尽，但是在判决D石油公司承担清算责任及连带清偿责任的法律适用上还是存在错误的，案件的情形明显不符合公司法司法解释（二）第十八条第二款的情形，B公司没有及时清算的责任在于实际控制人C公司，D石油公司作为并不参与管理的名义开办单位，不存在怠于履行清算义务的情形，且怠于履行清算义务与导致主要材料丢失、无法清算之间不存在因果关系，而且B公司尚在抚顺有房产拆迁补偿款没有领取，尚有资产可以还债。但从另外一个角度看，D石油公司作为B公司的名义开办单位，按照当时注册B公司时工商局的要求，在工商档案中留存一份由D石油公司盖章的"资金担保书"承诺，明确载明D石油公司对B公司成立后发生的停业、歇业及一切经济纠纷、债权债务均负责处理，该单方承诺成为法院判决承担连带责任的一个重要原因。

（五）律师点评

在本案中，法院判决D石油公司承担清算责任及连带清偿责任的主要理由有两点：一是怠于履行清算义务导致无法清算、主要财产灭失导致债权人的债权无法实现；二是D石油公司作为名义开办单位，在B公司成立时单方承诺出具的"资金担保书"。法院坚持最大限度保护债权人的原则，判决了C公司、D石油公司的连带责任，而C、D之间关于实际控制人与名义股东之间的争议，由两方内部再解决，这也为D石油公司后续启动追偿程序，向C公司追偿埋下了伏笔。

三、经验教训

本案D石油公司并不是案件当事人，A在第一次起诉时没有将D石油公司作为被告，D石油公司被法院依职权追加，并成为被判决实际承担责任的第三人，本案教训深刻，不得不深思。

（一）完善僵尸企业清理、清算

对于一些停产、停业、亏损、资不抵债的僵尸企业，应提早进行梳理，研究解决对策。若已经出现被吊销营业执照、章程规定的经营期限届满情形，应通过内部解散清算、法院强制清算等程序，尽快办理僵尸企业注销登记手续，使其退出市场，避免因其法律责任主体的继续存在，导致出现民事责任、行政责任风险。

（二）加强股权企业的管控，制定、完善股权企业管控制度

股权企业管控是公司管理的一项重要工作，一方面，要强化股权企业管控的制度建设，制定和完善管控操作指引、细则；另一方面，针对各股权企业的不同情况，研究对策，重点突破，像本篇案例属于"名义股权惹的祸"，现实中还存在人格混同、大股东侵害小股东利益、股权企业决策流程受阻等情形。

（三）法院的审理也有局限，应加强疑难案件的充分论证和法律人员作用的发挥

本案时间跨度十多年，经历一审、再审一审、再审二审、发回重审、抗诉，在经历了我国民事诉讼法规定的诉讼所有程序后，最终 D 石油公司还是不可避免地被执行借款本金和利息。该案件至今还有一些法律适用错误及没有查清的事实，这足以说明，法律是有局限性的，法院的审理也有局限性。作为公司法律相关部门，要加强常见案件涉及的法律、法规的学习，重视疑难复杂案件的多方、多角度论证，重视外部法律人员作用的发挥，让公司在每一起案件中均能实现公司利益最大化，维护国有资产不受损失。

案例四十一

A 石油公司诉 B、C 公司股东损害公司债权人利益责任纠纷案件

一、基本案情

（一）案件事实经过

2017 年 5 月，A 石油公司与 C 公司签订《加油站平面广告位租赁协议》，约定由 C 公司在 2017 年 6 月 1 日至 2020 年 7 月 31 日期间租赁使用 A 石油公司名下加油站广告位。2018 年 9 月，双方签订《补充协议》，就付款方式和争议解决进行补充约定。2020 年，因 C 公司未如约向 A 石油公司支付租赁费，A 石油公司对 C 公司提起仲裁，仲裁委员会作出裁决：1.C 公司向 A 石油公司支付租赁费 340 万元；2.C 公司向 A 石油公司支付截至 2020 年 7 月 2 日因迟延支付租赁费的违约金 160974 元，以及自 2020 年 7 月 2 日起以 340 万元为基数按年利率 4.75% 计付至 C 公司实际付款之日止的违约金；3.C 公司向 A 石油公司支付仲裁费 28935 元。

C 公司是一人有限责任公司，B 是 C 公司唯一的自然人股东，持股比例 100%。因 C 公司未履行上述仲裁裁决所确定的付款义务，2023 年 A 石油公司将 B 列为被告、C 公司列为第三人诉至法院，要求 B 对 C 公司上述裁决款项承担连带清偿责任，并对 C 公司未支付上述裁决款项迟延履行期间债务利息承担连带清偿责任。

（二）各方观点

A 石油公司认为，B 作为 C 公司唯一股东、实际控制人，长期以来

控制 C 公司的法定印章、人、财、物等，与 C 公司之间存在人格混同和财产混同，应对 C 公司欠 A 石油公司的债务承担连带清偿责任。

B 认为，其作为股东对 C 公司是实缴出资，已承担了股东应尽的义务与责任，其财务与 C 公司财务不存在混同；A 石油公司就同样的事实起诉 B 属于重复诉讼，且法院驳回了 A 石油公司追加 B 为被执行人的申请，故其不应承担责任。

法院经审理认为，本案不属于重复诉讼，B 作为公司唯一股东不能证明其个人财产与 C 公司财产独立，应对 C 公司债务承担连带清偿责任。

（三）案件审理情况

法院作出判决：1.B 对 C 公司应向 A 石油公司支付的租赁费 340 万元、仲裁费 28935 元、违约金 160974 元及以 340 万元为基数自 2020 年 7 月 2 日起按年利率 4.75% 计付至 C 公司实际付款之日止的违约金承担连带清偿责任；2.B 对上述款项自 C 公司收到仲裁裁决书之日第三十日起至判决履行期限届满之日止的迟延履行期间债务利息承担连带清偿责任。

二、案例评析

本案为股东损害公司债权人利益责任纠纷，争议焦点为：1.A 石油公司可否通过本案诉讼程序追加 B 承担责任；2.B 对 C 公司财产是否构成混同，进而是否对 C 公司债务承担连带责任；3.B 是否应承担因 C 公司未支付仲裁裁决所定款项的迟延履行期间债务利息。

（一）A 石油公司可否通过本案诉讼程序追加 B 承担责任

《最高人民法院关于适用〈中华人民共和国民事诉讼法〉的解释》第二百四十七条的规定，当事人就已经提起诉讼的事项在诉讼过程中或者裁判生效后再次起诉，同时符合后诉与前诉的当事人相同、诉讼标的相同、诉讼请求相同或后诉的诉讼请求实质上否定前诉裁判结果等三个条件的，构成重复起诉；当事人重复起诉的且已经受理的，裁定驳回起诉。虽然本案诉讼与 A 石油公司在法院申请追加 B 为被执行人系基于同一事实和理由，且法院裁定驳回 A 石油公司的追加申请，但该裁定仅是在执行程序中对是否追加被执行人进行的程序性审查，不能等同于 A 石油公司的诉求已经审判程序进行了实体审理，故本案不构成重复起诉，A 石油公司在本案诉讼中提起对 B 的诉请并无不当。

（二）B 对 C 公司财产是否构成混同，进而是否对 C 公司债务承担连带责任

依照《中华人民共和国公司法》第六十三条规定，一人有限责任公司的股东不能证明公司财产独立于股东自己的财产的，应当对公司债务承担连带责任。据此规定，一人公司股东应否对公司债务承担连带责任采取举证责任倒置原则，即一人公司的股东应当举证证明其个人财产与公司财产独立，在其未能完成举证证明责任的情况下，其应当对公司债务承担连带责任。本案中，C 公司系一人有限责任公司，B 系该公司唯一股东，则 B 应当举证证明其个人财产与 C 公司财产独立，否则，B 应当对公司债务承担连带责任。依照《中华人民共和国公司法》第六十二条的规定，一人有限责任公司应当在每一会计年度终了时编制财务会计报告，并经会计师事务所对公司财务状况进行审计并编制审计报告。B 自认 C 公司未依法编制年度财务会计报告并进行年度审计，在未对 C 公司财务状况做完整审计的情况下，仅凭其提供的明细账、记账凭证等现有证据不能客观真实地反映公司财务状况，亦无法证明 C 公司与 B 的财产是否独立、财务是否混同，其未能完成举证证明责任，应当对其作为一人公司股东期间公司产生的债务应承担连带清偿责任。故 B 应与 C 公司对 A 石油公司债务承担连带清偿责任。

（三）B是否应承担应C公司未支付仲裁裁决所定款项的迟延履行期间债务利息

依照民事诉讼法第二百六十四条规定，被执行人未按判决、裁定和其他法律文书指定的期间履行给付金钱义务的，应当加倍支付迟延履行期间的债务利息。C公司因迟延履行对A石油公司的债务应当支付迟延履行期间的债务利息，B应对此债务承担连带责任，但仲裁裁决与本案履行期间的债务利息不得重复计算，故迟延履行期间的债务利息应当自C公司收到裁决之日第三十日起计算至本判决履行期满之日止，故B应对C公司对A石油公司在上述期间内的迟延履行期间的债务利息承担连带责任。

（四）律师点评

法律要求股东财产与公司财产相独立，目的是使股东和公司权责分明，防止股东滥用权力，逃避自身债务，保障公司和公司债权人的利益。根据《全国法院民商事审判工作会议纪要》的精神："认定公司人格与股东人格是否存在混同，最根本的判断标准是公司是否具有独立意思和独立财产，最主要的表现是公司的财产与股东的财产是否混同且无法区分。在认定是否构成人格混同时，应当综合考虑以下因素：（1）股东无偿使用公司资金或者财产，不作财务记载的；（2）股东用公司的资金偿还股东的债务，或者将公司的资金供关联公司无偿使用，不作财务记载的；（3）公司账簿与股东账簿不分，致使公司财产与股东财产无法区分的；（4）股东自身收益与公司盈利不加区分，致使双方利益不清的；（5）公司的财产记载于股东名下，由股东占有、使用的；（6）人格混同的其他情形。"一人公司应当按照公司法及相关会计准则制定完备的财务制度，并按照相关要求进行年度审计，尽量避免股东与公司之间存在直接经济往来，并同时避免股东和公司互相代为向第三方支付款项。如果股东与公司之间存在往来款项或代为付款的情形，应当做好财务记载，并提供交易合同、情况说明等相关证据材料。本案中，B不能提供其财产独立于C公司的证据，是B连带承担C公司债务的重要原因。A石油公司以财产混同、人格混同诉讼，诉讼策略非常有效。

三、经验教训

在日常经营管理中，与一人有限责任公司进行业务往来时，应尽可能对该公司作包括资产、信誉、财务状况、经营状况等调查，保存好业务往来过程中签订的协议、往来款支付凭证等证据。在一人有限责任公司不能清偿到期债务时，详细了解该公司财务与股东个人财务的实际情况，判断二者之间是否存在混同情况，以便选择有效的诉讼策略，确保自身合法利益得到最大化实现。

第六篇

票据纠纷案件

案例四十二

A 公司诉 B 石油公司、C 公司、D 公司、E 公司等公司票据追索权纠纷案件

一、基本案情

（一）案件事实经过

2018 年 5 月，B 石油公司从前手背书人 C 公司取得一张出票日期为 2018 年 3 月 30 日、到期日为 2019 年 3 月 29 日、金额 50 万元的商业承兑汇票（案涉汇票）。该汇票的出票人为 D 公司，承兑人为 E 公司。

2018 年 10 月，B 石油公司按照上级 F 公司要求将案涉汇票转入 F 公司。11 月，F 公司提示该案涉汇票有承兑风险，并转回 B 石油公司。11 月底，B 石油公司与 C 公司协商一致后，通过网银将票据退回了 C 公司，C 公司向 B 石油公司更换了同等金额其他电子银行承兑汇票。此外，B 石油公司和 C 公司还退回更换了其他几张承兑人为 E 公司的票据。

2018 年 12 月，持票人 A 公司因货物销售从前手背书人 K 公司处取得案涉汇票。因案涉汇票提示付款呈现"待签收"状态，承兑人 E 公司出现财务危机无法承兑，持票人 A 公司行使票据追索权，于 2020 年 5 月将 B 石油公司、C 公司、D 公司、E 公司等公司列为被告诉至法院，要求 B 石油公司等多位被告共同向其支付案涉汇票金额 50 万元及相应的利息、诉讼费用。

（二）各方观点

A 公司认为，其在 2018 年 12 月与 K 公司的交易中收取案涉汇票作

为货款，在付款期间提示 E 公司付款，但直至开庭该汇票仍呈现"待签收"状态，K 公司向 A 公司背书转让案涉汇票时，E 公司已出现财务危机无法承兑案涉汇票。

B 石油公司认为，因案涉汇票为商业承兑汇票，而非银行承兑汇票，不符合上级 F 公司要求，B 石油公司已将案涉汇票退回 C 公司，C 公司已收到退回的案涉汇票并为 B 石油公司更换了等额面值的其他银行承兑汇票，B 石油公司的票据行为仅是票据简单流转，对该汇票未获得利益，也未给他人造成利益损失，根据《中华人民共和国票据法》第十条的规定，B 石油公司不属真正法律意义的背书人，其行为亦不属于严格意义上的票据回头背书情形，B 石油公司不应承担案涉汇票连带清偿义务。

D 公司与 E 公司认为，公司多名高管因涉嫌票据犯罪正被公安机关侦查，本案应驳回起诉。

部分到庭诉讼的公司认为：追索权条件未成就、应提交拒付证明，且 A 公司主张票据权利已过票据追索时效。

法院审理认为，票据追索权是指票据到期不获付款或期前不获承兑或有其他法定原因时，持票人在依法履行保全手续后，向其前手请求偿还票据金额、利息及其他法定款项的一种票据权利；案涉汇票已提示到期日，A 公司通过系统申请提示付款，至迟应于 2019 年 4 月便已知被拒绝付款事实，A 公司已过票据追索权时效期间；出票人签发汇票后即承担保证该汇票承兑和付款的责任，承兑人和出票人应承担票据责任。

（三）案件审理情况

一审法院判决：B 石油公司、C 公司等票据前手背书人不承担付款责任，D 公司和 E 公司连带向 A 公司支付 50 万元及利息、案件诉讼费。

二、案例评析

本案是票据追索权纠纷，争议焦点为谁应该向 A 公司承担票据责任。

（一）B 石油公司应否向 A 公司承担票据责任

票据法第四条规定，票据出票人制作票据，应当按照法定条件在票据上签章，并按照所记载的事项承担票据责任。持票人行使票据权利，应当按照法定程序在票据上签章，并出示票据。其他票据债务人在票据上签章的，按照票据所记载的事项承担票据责任。本法所称票据权利，是指持票人向票据债务人请求支付票据金额的权利，包括付款请求权和追索权。本法所称票据责任，是指票据债务人向持票人支付票据金额的义务。票据法第十条第二款规定，票据的取得，必须给付对价，即应当给付票据双方当事人认可的相对应的代价。票据法第十七条规定，票据权利在下列期限内不行使而消灭：（三）持票人对前手的追索权，自被拒绝承兑或者被拒绝付款之日起六个月。票据法第六十一条规定，汇票到期被拒绝付款的，持票人可以对背书人、出票人及汇票的其他债务人行使追索权。

B 石油公司从 C 公司取得案涉汇票，因该汇票不符合 F 公司要求，与 C 公司协商后退换了其他电子银行承兑汇票，因而双方的交易不是通过票据完成的，B 石油公司未实际取得案涉汇票权利，非法律意义上的背书人，但票据记载事项是所有票据权利人信赖事项，故 A 公司起诉了 B 石油公司。A 公司在票据提示付款日申请承兑，系统多日显示"待承兑"状态，在此情况下，A 公司理应及时行使票据权利，但 A 公司在票据到期日后一年才提起诉讼，依照上述法律规定，A 公司对 B 石油公司依据票据记载行使票据追索权，已经超过法定 6 个月的票据追索权时效期间。故 B 石油公司无需向 A 公司承担票据责任。

（二）D公司和E公司应否向A公司承担票据责任

票据法第五十三条规定，持票人应当按照下列期限提示付款：1. 见票即付的汇票，自出票日起一个月内向付款人提示付款；2. 定日付款、出票后定期付款或者见票后定期付款的汇票，自到期日起十日内向承兑人提示付款。持票人未按照前款规定期限提示付款的，在作出说明后，承兑人或者付款人仍应当继续对持票人承担付款责任。通过委托收款银行或者通过票据交换系统向付款人提示付款的，视同持票人提示付款。票据法第五十四条规定，持票人依照前条规定提示付款的，付款人必须在当日足额付款。

D公司作为案涉汇票的出票人，E公司作为案涉汇票的承兑人，依照上述法律规定，应对持票人A公司承担票据责任。D公司和E公司在付款日未履行付款义务，应向A公司支付利息。

故D公司和E公司应向A公司承担票据责任，包括支付汇票金额50万元及相应利息。

（三）律师点评

本案作为票据追索权纠纷，案涉票据背书连续，到期后因票据权利的实现问题产生纠纷，最后持票人将票据出票人、背书人及承兑人全部列为被告起诉，虽涉诉主体较多，但实际案情清晰明了。法院针对其中一位被告提出"已超过票据追索权时效期间"的抗辩，着重审理了本案是否已超过票据追索权时效期间，最终采纳该抗辩排除了包括B石油公司在内各背书人的票据责任。

法院以《票据法》相关规定判定出票人和承兑人承担票据责任，判决有理有据，各方当事人均服判。

B石油公司提出其不属于真正法律意义的背书人及不属于严格意义上的票据回头背书行为的观点，虽因票据追索权时效抗辩未被法院审查认定，但该观点在本案中具有一定的事实基础和法律支撑，被法院采纳的可能性也较大。

三、经验教训

（一）务必关注取得票据的相关信息，注重票据权利行使时效

公司取得票据后，应重点关注票据的出票日和到期日、出票人和承兑人信息、票据背书是否连续、票据债务人财务状况等重要信息，要格外注意票据关系的合法性，保证票据背书的完整连续性，避免背书缺失导致票据失权，尽量保留取得商票的交易文件，包括合同、发票、交货凭证、付款凭证、沟通记录等，至少在形式上能够满足真实交易的要求，以应对相对人提出的抗辩。多了解不同票据之间的区别与风险点，并依据法律规定及票据记载事项及时行使票据权利。

当遇票据拒绝付款或无法承兑时，应收集并保留拒付证明等证据，并在法定的期限内及时行使权利，避免出现如 A 公司超过票据追索权时效行使权利的情况发生，最终导致虽大张旗鼓地起诉了"一大片"，但最后也仅能由高管涉嫌票据犯罪、出现财务危机的出票人公司和承兑人公司承担责任，面临生效判决不能尽快执行到位的局面。

（二）严格遵守公司财务管理制度规定

公司财务管理制度对公司发展至关重要，制度得到严格执行才能避免公司陷入混乱。当上下级公司使用统一财务制度时，下级公司应及时向上级公司汇报业务交易中与财务制度不符之处，上级公司应及时回复下级公司处理意见。在本案中，因 B 石油公司在收到商业承兑汇票后按照上级 F 公司的财务制度要求流转票据，上级 F 公司发现案涉票据不符合财务制度规定将票据退回，并提示 B 石油公司该票据风险，B 石油公司遂与前手背书人协商办理了票据退回和更换汇票事宜。因俩公司均严格遵守、落实公司财务管理制度的规定，使得公司免于票据纠纷。

（三）根据公司财务制度，在业务合同中明确约定付款方式

B 石油公司与 C 公司进行油品买卖业务签订书面合同，C 公司交付案涉商业承兑汇票作为货款支付，从 B 石油公司办理商业承兑汇票退回和要求更换其他银行承兑汇票的事实分析，因系合同未明确约定付款方式为"如以汇票方式付款，应交付银行承兑汇票"所致。故公司在业务交易中，首先应签订书面合同，其次应根据公司财务制度规定，在合同条款中明确限定付款方式。如 B 石油公司在合同中限定了银行承兑汇票付款方式，则可有效避免退票、换票带来的烦琐及票据风险。

案例四十三

A 石油公司诉 B 公司、C 公司、D 公司、E 公司、F 公司票据权纠纷案件

一、基本案情

（一）案件事实经过

2018 年 5 月至 7 月，A 石油公司与 C 公司签订了五份柴油购销合同，总金额为 2948 万余元。作为支付方式，C 公司向 A 石油公司背书转让了 14 张由 B 公司负责承兑的电子银行承兑汇票，总额为 1350 万元。A 石油公司向 C 公司开具了相应的增值税专用发票。该 14 张电子银行承兑汇票经过 B 公司、C 公司、D 公司、E 公司、F 公司连续背书，最终由 C 公司背书给 A 石油公司，由 B 公司负责承兑。

A 石油公司在汇票到期日提示 B 公司承兑付款时，电子商业汇票系统显示票据状态为"提示付款待签收"，B 公司未及时履行承兑义务。为此，A 石油公司诉至法院，要求 B 公司支付汇票票面金额 1350 万元及利息，C 公司、D 公司、E 公司、F 公司承担连带责任。

（二）各方观点

A 石油公司认为，其作为案涉汇票的持票人，在案涉汇票提示到期日申请承兑付款，B 公司作为承兑人未履行承兑付款义务，应对 A 公司承担票据责任，各背书人依照法律规定应就案涉票据承担连带责任。

B 公司认为，B 公司及其关联公司高管涉嫌票据犯罪，正在被刑事调查，导致 B 公司未能兑付汇票，B 公司并非拒绝付款，本案应适用"先刑后民"原则中止审理或驳回起诉。

E公司、F公司认为，A石油公司需先向B公司行使付款请求权，在遭拒绝后才能向背书人主张权利；A石油公司行使追索权应提交拒付证明，背书人在背书转让过程中不存在过错，不应承担票据付款责任；本案涉嫌经济犯罪，依法应予以驳回起诉。

C公司、D公司未出庭参加诉讼发表意见。

法院审理认为，A石油公司作为案涉汇票的合法持票人，在案涉汇票提示到期日通过系统申请付款，B公司作为承兑人应履行付款义务，系统多日显示状态为"提示付款待签收"，证实B公司不能承兑付款，A石油公司行使追索权的条件已经成就；A石油公司与B公司、C公司、D公司、E公司、F公司之间发生的是票据纠纷，属于民事法律关系，不适用"先刑后民"原则。

（三）案件审理情况

法院判决：B公司、C公司、D公司、E公司、F公司向A石油公司支付银行承兑汇票金额1350万元及利息。各当事人均未上诉，该判决生效。

二、案例评析

本案是票据追索权纠纷，争议焦点为：1.本案应否适用"先刑后民"原则予以中止审理或驳回起诉；2.A石油公司能否行使票据付款请求权，要求B公司承担票据付款责任；3.A石油公司能否行使票据追索权要求C公司、D公司、E公司、F公司承担连带责任。

（一）本案应否适用"先刑后民"原则予以中止审理或驳回起诉

《最高人民法院关于审理票据纠纷案件若干问题的规定》第七十四条规定，人民法院在审理票据纠纷案件时，发现与本案有牵连但不属同一法律关系的票据欺诈犯罪嫌疑线索的，应当及时将犯罪嫌疑线索提供给有关公安机关，但票据纠纷案件不应因此而中止审理。

A 石油公司因与 C 公司签订了柴油购销合同从 C 公司处取得案涉汇票，没有证据证明 A 石油公司是通过违法手段取得案涉票据，故 A 石油公司是合法的持票人。A 石油公司与 B 公司、C 公司、D 公司、E 公司、F 公司之间发生的是票据纠纷，属于民事法律关系，与 B 公司及其关联公司内部人员涉嫌刑事犯罪亦不关联，故本案不适用"先刑后民"原则，应继续审理。

（二）A 石油公司能否行使票据付款请求权，要求 B 公司承担票据付款责任

票据法第四条规定，本法所称票据权利，是指持票人向票据债务人请求支付票据金额的权利，包括付款请求权和追索权，本法所称票据责任，是指票据债务人向持票人支付票据金额的义务；第四十四条规定，付款人承兑汇票后，应当承担到期付款的责任。票据法第五十三条规定，持票人应当按照下列期限提示付款：（一）见票即付的汇票，自出票日起一个月内向付款人提示付款；（二）定日付款、出票后定期付款或者见票后定期付款的汇票，自到期日起十日内向承兑人提示付款；持票人未按照前款规定期限提示付款的，在作出说明后，承兑人或者付款人仍应当继续对持票人承担付款责任；通过委托收款银行或者通过票据交换系统向付款人提示付款的，视同持票人提示付款。票据法第五十四条规定，持票人依照前条规定提示付款的，付款人必须在当日足额付款。

如上所述，A 石油公司合法取得案涉汇票，是案涉汇票的合法持票人。案涉汇票已到汇票记载的到期日，A 石油公司已在提示付款日通过系统申请承兑付款，不存在过期限提示付款，且 A 石油公司起诉亦未超过法定时效。根据票据法第五十四条规定，B 公司作为承兑人应承担付款。

故 A 石油公司能行使票据付款请求权，B 公司应向 A 石油公司承担

票据付款责任。

（三）A石油公司能否行使票据追索权，要求C公司、D公司、E公司、F公司承担连带责任

票据法第六十一条规定，汇票到期被拒绝付款的，持票人可以对背书人、出票人及汇票的其他债务人行使追索权；第六十二条规定，持票人行使追索权时，应当提供被拒绝承兑或者被拒绝付款的有关证明，持票人提示承兑或者提示付款被拒绝的，承兑人或者付款人必须出具拒绝证明，或者出具退票理由书，未出具拒绝证明或者退票理由书的，应当承担由此产生的民事责任；第六十八条规定，汇票的出票人、背书人、承兑人和保证人对持票人承担连带责任，持票人可以不按照汇票债务人的先后顺序，对其中任何一人、数人或者全体行使追索权。

A石油公司在提示付款日通过系统申请付款，系统多日显示"提示付款待签收"，A石油公司已经完成对被拒绝付款的举证，且B公司作为承兑人在庭审中自认因公司内部问题未履行承兑付款义务。B公司发布的公告写明其存在"造成持有票据的客户不能如期兑付"其作为付款义务人向所有持票人以发布公告的方式作出意思表示，表明其存在拒绝付款的事实。该公告一经发布，即对所有持票人发生效力，该公告可以认定为拒付证明，原告行使追索权的条件成就。C公司、D公司、E公司、F公司均是案涉票据上记载的背书人，根据上述法律规定，应对持票人A石油公司承担连带责任。

故A石油公司能行使票据追索权，C公司、D公司、E公司、F公司应承担连带责任。

（四）律师点评

本案是一起典型的票据权纠纷，围绕电子银行承兑汇票的兑付问题、票据权利的行使，主要涉及《中华人民共和国票据法》及相关司法解释的适用。票据权利分为付款请求权和追索权。付款请求权是指票据

持票人向票据主债务人或者其他付款义务人请求按照票据记载的金额付款的一种票据权利。追索权是指票据到期不获付款或期前不获承兑或有其他法定原因时，持票人在依法履行了保全手续以后，向其前手请求偿还票据金额、利息及其他法定款项的一种票据权利。付款请求权是持票人享有的第一顺序权利，追索权是持票人享有的第二顺序权利。案涉汇票系定日付款的票据，A 石油公司作为合法持票人，依法享有票据权利。A 石油公司申请付款已向作为承兑人的 B 公司行使了第一顺序的付款请求权。B 公司不能付款，A 石油公司向作为背书人 C 公司、D 公司、E 公司、F 公司行使第二顺序的追索权，符合法律的规定。在没有合法有效的抗辩事由情况下，依法均应该承担票据责任。

三、经验教训

本案票据纠纷虽获胜诉判决，但由于 B 公司的资产及案件由政府接手，法院最终下达终结执行裁定，造成公司短时间内难以收回巨额货款。这直接影响了公司的财务状况，影响了企业的现金流和盈利能力及公司业务发展。相关管理人员也受到公司的追责问责和相应处分。公司应以本案为警戒、教训，在今后的管理中可以采取下列措施。

（一）严肃票据审核、严控制度执行

严格执行公司销售纪律，坚决禁止收取商业承兑汇票，对使用银行承兑汇票结算的客户先进行报批，并且严格按照合同约定及公司对客户的授信情况收取银行承兑汇票。在收取票据前按照票据相关规定及公司的《银行票据及财务公司白名单》目录进行审核，并多渠道搜索承兑人相关信息，主动进行风险排查。

（二）加强事前风险评估，审慎票据交易，密切关注合作伙伴动态

在与交易对象进行大宗交易时，应对对方的财务状况、信誉度及潜在法律风险进行全面评估。在涉及大额票据交易时，应更加审慎选择

承兑人，考虑其兑付能力和历史信誉记录，密切关注交易对手及背书链条中企业的动态，尤其是涉及财务、法律风险的信息，尽可能减少兑付风险。

（三）加强票据法规的熟悉，及时行使权利，注重证据保留

深入了解学习并熟练运用票据法及相关司法解释，对于保护自身权益至关重要。依照法律规定，在票据记载的提示付款期内提示付款，及时行使票据权利。在票据到期未获兑付时，千万保留提示付款时承兑人拒绝付款或拒绝承兑的证据，为行使付款请求、追索权提供最为直接、有利的证据。妥善保管交易合同、发票、汇票及所有沟通记录等在法律纠纷中证明自己权利的关键证据。